D1754060

MIX
Papier aus verantwortungsvollen Quellen
Paper from responsible sources
FSC® C105338

Jerry Felten

Kundenintegration als ganzheitlicher Ansatz im Rahmen einer interaktiven Wertschöpfung und Web 3.0 sowie deren Bedeutung

Mit erfolgversprechenden
Handlungsempfehlungen für Unternehmen

Diplomica Verlag GmbH

Felten, Jerry: Kundenintegration als ganzheitlicher Ansatz im Rahmen einer
interaktiven Wertschöpfung und Web 3.0 sowie deren Bedeutung:
Mit erfolgversprechenden Handlungsempfehlungen für Unternehmen, Hamburg,
Diplomica Verlag GmbH 2013

Buch-ISBN: 978-3-8428-8721-3
PDF-eBook-ISBN: 978-3-8428-3721-8
Druck/Herstellung: Diplomica® Verlag GmbH, Hamburg, 2013

Bibliografische Information der Deutschen Nationalbibliothek:
Die Deutsche Nationalbibliothek verzeichnet diese Publikation in der Deutschen
Nationalbibliografie; detaillierte bibliografische Daten sind im Internet über
http://dnb.d-nb.de abrufbar.

Das Werk einschließlich aller seiner Teile ist urheberrechtlich geschützt. Jede Verwertung
außerhalb der Grenzen des Urheberrechtsgesetzes ist ohne Zustimmung des Verlages
unzulässig und strafbar. Dies gilt insbesondere für Vervielfältigungen, Übersetzungen,
Mikroverfilmungen und die Einspeicherung und Bearbeitung in elektronischen Systemen.

Die Wiedergabe von Gebrauchsnamen, Handelsnamen, Warenbezeichnungen usw. in
diesem Werk berechtigt auch ohne besondere Kennzeichnung nicht zu der Annahme,
dass solche Namen im Sinne der Warenzeichen- und Markenschutz-Gesetzgebung als frei
zu betrachten wären und daher von jedermann benutzt werden dürften.

Die Informationen in diesem Werk wurden mit Sorgfalt erarbeitet. Dennoch können
Fehler nicht vollständig ausgeschlossen werden und die Diplomica Verlag GmbH, die
Autoren oder Übersetzer übernehmen keine juristische Verantwortung oder irgendeine
Haftung für evtl. verbliebene fehlerhafte Angaben und deren Folgen.

Alle Rechte vorbehalten

© Diplomica Verlag GmbH
Hermannstal 119k, 22119 Hamburg
http://www.diplomica-verlag.de, Hamburg 2013
Printed in Germany

Abstract

In times of globalization, companies face new challenges in complying with the customers' demands, and the configuration of interactive supply chains becomes a necessary step in such an extensive market context. According to the concept of an interactive supply chain, the significant value of an active customer role in supply chain processes reveals the importance of customer integration. In general, customers tend to increasingly ask for hybrid offerings in the sense of customer solutions that are characterized by an integrated combination of products and services. Moreover, the dynamic progress, made in technologies of information and wireless communication on the World Wide Web, gives rise to new opportunities.

The present work focuses on a holistic approach based on the interactive value chain, customer solutions, customer integration and Web 3.0. The combination and analysis of these four factors in a dynamic process makes this approach valuable and unique as a reference framework. In general, this work considers the concept of customer integration in relation to the other determining factors and focuses mainly on the aspects of integration and interaction in every single stage of the supply chain of the company. Due to the trans-sectoral perception of a holistic approach, the interactive supply chain can be visualized with the core principles of customer integration in the service sector in its progressing stages. Furthermore, the production of customer solutions is linked to the composition of supply chain networks with the presence of several network members with different competences. This work intends to investigate whether customer integration creates additional value for both the supplier and the consumer within an interactive supply chain. In addition, the research question elaborates in this regard the role of Web 3.0. The additional value comprises the accumulation of value creating characteristics within the context of integration and interaction. Beside this, this work also intends to analyse the necessary requirements in the company for the effective and efficient implementation of customer integration in the whole supply chain and points out important recommendations toward the fulfilment of these requirements. The gain of efficiency is one of the main findings toward the analysis of the gained surplus from customer integration. The effect of Web 3.0 encompasses a function of complexity reduction for suppliers and a function of problem solving for customers. The fundamental requirements in the realization of customer integration are the competences in the context of integration and interaction and the measures to reduce complexity and uncertainty. In this context, Web 3.0 can fulfil important aspects to relieve communication processes and complexity in general. Therefore one important recommendation is a cross-functional implementation of Web 3.0 that should be ensured at all stages of the supply chain. In this way, the information process between many actors in the company can be eased and the coordination within the interactive supply chain will be comprehensible.

Thus the concept of this new and unique holistic approach can fill many gaps in this field and can therefore act as a framework for further research.

Inhaltsverzeichnis

Abstract v

Abbildungsverzeichnis ix

Abkürzungsverzeichnis x

1 Kundenintegration im Lichte veränderter Marktbedingungen 11

2 Theoretischer Bezugsrahmen 17

    2.1   Begriffliche Grundlagen 17

            2.1.1   Service-Dominant Logic 17

            2.1.2   Dienstleistungsbegriff 20

            2.1.3   Kundenintegration 23

    2.2   Neue Institutionenökonomik 25

            2.2.1   Transaktionskostentheorie 26

            2.2.2   Principal-Agent-Theorie 28

    2.3   Nutzentheorie 30

3 Kundenintegration als interaktive Wertschöpfung 33

    3.1   Interne Lieferkette im Konsumgüterbereich 34

    3.2   Interne Lieferkette im Dienstleistungsbereich 38

            3.2.1   Forschung und Entwicklung 41

            3.2.2   Humankapital 43

            3.2.3   Integrativer Leistungserstellungsprozess 45

            3.2.4   Nachkontaktphase 47

    3.3   Integrativer Leistungserstellungsprozess 48

            3.3.1   Wertschöpfungsnetzwerke 49

            3.3.2   Unsicherheitsaspekt 53

    3.4   Nutzenstiftung und Handlungsempfehlungen 55

4 Web 3.0 als revolutionäre und virtuelle Wissensplattform 61

    4.1   Entwicklung des Internets im Zeitverlauf 61

    4.2   Besonderheiten und Merkmale im Web 3.0 65

    4.3   Web 3.0 im Rahmen der interaktiven Wertschöpfung 68

            4.3.1   Interaktionsansatz 69

            4.3.2   Integrativität in einer Ambient Intelligence 71

    4.4   Nutzenstiftung und Handlungsempfehlungen 74

5 Schlussfolgerungen und Ausblick 79

Literaturverzeichnis 85

Abbildungsverzeichnis

Abbildung 1: Visualisierung des ganzheitlichen Ansatzes 13

Abbildung 2: Interne Lieferkette im Konsumgüterbereich 35

Abbildung 3: Interne Lieferkette im Dienstleistungsbereich 40

Abkürzungsverzeichnis

AmI	Ambient Intelligence
B2B	Business-to-Business
C2B	Consumer-to-Business
CAP	Customer-Active Paradigm
F&E	Forschung & Entwicklung
GDL	Goods-Dominant Logic
ISTAG	Information Society Technologies Advisory Group
LEP	Leistungserstellungsprozess
MAP	Manufacturer-Active Paradigm
SDL	Service-Dominant Logic
SSW	Social Semantic Web
UbiComp	Ubiquitous Computing
W3	World Wide Web
W3C	World Wide Web Consortium

1 Kundenintegration im Lichte veränderter Marktbedingungen

Der zunehmende Gesellschaftswandel und die starke Präsenz moderner Informations- und Kommunikationstechnologien erfordern in der heutigen Zeit neuartige Denkweisen, die vermehrt interne Umstrukturierungsmaßnahmen zur Folge haben. Diese Bemühungen übersteigen nicht selten die Kapazitäten und Fähigkeiten vieler Unternehmen. Hinzu kommt die ansteigende Produktvielfalt im Zusammenhang mit verkürzten Lebenszyklusphasen, geprägt durch dynamische Märkte im ständigen Wandel und starkem Konkurrenzdruck.[1] Dies hat zur Folge, dass Unternehmen mehr als je zuvor, neue Ansätze zur Befriedigung aktueller Kundenbedürfnisse konzipieren und der Forderung nach neuen Differenzierungspotenzialen auf gesättigten Märkten dringend nachgehen müssen.[2]

Des Weiteren bieten die rasanten technologischen Entwicklungen und die damit einhergehenden Vernetzungsoptionen für Nachfrager und Anbieter, wichtige Einfluss- und Entscheidungsmöglichkeiten. Potenzielle Kunden sind heutzutage besser informiert und treten selbstbewusster durch vereinfachte Vergleichsmöglichkeiten im Umgang mit Unternehmensangeboten auf.[3] Insbesondere der gesellschaftliche und technologische Wandel hat dafür gesorgt, dass Kundenanforderungen komplexer werden und ferner ein mehrdimensionales Kundenverhalten entstanden ist. Daran anknüpfend rückt der zunehmende Wunsch, an der unternehmerischen Leistungsgestaltung mitzuwirken und Beiträge in der Entwicklung individueller Problemlösungen zu leisten, in den Vordergrund.[4] Insgesamt hat sich die Wissenschaft schon seit mehreren Jahren mit dem Wandel hin zu einer integrativen Sichtweise, die dem Nachfrager eine zunehmend aktive Rolle als Wertschöpfungspartner im Unternehmensprozess zuschreibt, auseinandergesetzt.[5] Vor diesem Hintergrund nimmt insbesondere der Dienstleistungsbereich, im Verlauf der veränderten Marktbedingungen, einen zentralen Stellenwert ein. Allein

---

[1] Vgl. **Moeller**, Sabine (2008), S. 197f.; vgl. **Eichentopf**, Thomas et al. (2011), S. 650f.; vgl. **Garrigos-Simon**, Fernando J. et al. (2012), S. 1880f.;

[2] Vgl. **BDI** (2011), S. 7f.; vgl. **Reichwald**, Ralf / **Piller**, Frank T. (2009), S. 3ff.

[3] Vgl. **Garrigos-Simon**, Fernando J. et al. (2012), S. 1880f.; vgl. **Weill**, Peter / **Woerner**, Stephanie L. (2013), S. 73.

[4] Eine Studie des Marktforschungs- und Beratungsinstituts *YouGov*, hat mit Hilfe einer repräsentativen Befragung den zunehmenden Wunsch der Kunden, sich in Unternehmensprozesse zu integrieren bestätigen können, vgl. YouGov (2012), o. S.

[5] Vgl. **Engelhardt**, Werner H. et al. (1993), S. 398f.; vgl. **Kellogg**, Deborah L. et al. (1997), S. 206.; vgl. **Wikström**, Solveig (1996), S. 360.; vgl. **Kohli**, Ajay K. (2006), S. 90.; vgl. **Bruhn**, Manfred / **Stauss**, Bernd (2009), S. 3f.

im zweiten Quartal 2012 konnte schon ein Umsatzanstieg von rund 2,4 Prozent im Dienstleistungsbereich verzeichnet werden.[6] Hinzu kommt ein deutlicher Zuwachs der Beschäftigungszahl in fast allen Dienstleistungsbereichen, wobei besonders der Bereich „Information und Kommunikation" diesen Zuwachs zu verzeichnen hat.[7]
Mit diesem starken Zuwachs an Dienstleistungen, geht auch ein erhöhtes Verlangen nach individuellen Problemlösungen, die mehrere Leistungsaspekte kombinieren, einher und stellt Unternehmen verstärkt vor neue Herausforderungen.[8] Des Weiteren steigt in der heutigen Zeit die Schwierigkeit, mit reinen Dienstleistungen die gleichen Differenzierungspotenziale aufrechtzuerhalten. Demzufolge müssen Unternehmen verstärkt integrative und hybride Angebotsformen als Lösungsanbieter verinnerlichen.[9] Komplexe Problemlösungsanforderungen erzwingen umso mehr eine aktive Beteiligung externer Akteure sowie insbesondere die Integration des Kunden im unternehmerischen Wertschöpfungsprozess.[10]
Infolgedessen rückt die Notwendigkeit einer kundenbezogenen Konfiguration der gesamten Wertschöpfungskette in den Vordergrund.[11] Doch entgegen einer solchen Betrachtungsweise, werden die einzelnen Wertschöpfungsstufen zum Teil immer noch unternehmensintern durchgeführt.[12] Die Kundenintegration findet zum größten Teil im Innovationsprozess statt oder wird nur in ausgewählten und voneinander getrennten Unternehmensbereichen durchgeführt.[13] Daraufhin ist, besonders im Rahmen der obigen Ausführungen, eine bereichsübergreifende Erweiterung der Analyse zur Kundenintegration auf sämtliche Unternehmensprozesse, als sinnvoll zu erachten.[14] Demnach soll die Integration externer Faktoren, im Sinne einer integrativen und interaktiven Arbeitstei-

---

[6] Vgl. **Statistisches Bundesamt** (2012), S. 1.
[7] Vgl. **Statistisches Bundesamt** (2013), S. 2.
[8] Vgl. **Johansson**, Juliet E. et al. (2003), S. 118.
[9] Vgl. **Spath**, Dieter / **Demuß**, Lutz (2006), S. 464f.; vgl. **Böhmann**, Tilo / **Krcmar**, Helmut (2007), S. 241f.
[10] Vgl. **Spath**, Dieter / **Demuß**, Lutz (2006), S. 465.
[11] Eine solch kundenorientierte Unternehmensausrichtung geht mit dem von *Womack* und *James* eingeführten Begriff „Lean Consumption" einher, vgl. **Womack**, James P. / **Jones**, Daniel T. (2005), S. 61.; Die Ergebnisse des aktuellen BDI-Mittelstandspanel untermauern dieses Bestreben und zeigen des Weiteren die Notwendigkeit einer kundenspezifischen Leistungsgestaltung auf, vgl. **BDI** (2012), S. 14f.
[12] Vgl. **Moeller**, Sabine (2008), S.197f.; vgl. **von Hippel**, Eric (1978b), S. 243.
[13] Vgl. **Reichwald**, Ralf / **Piller**, Frank T. (2009), S. 51.; vgl. **Eichentopf**, Thomas et al. (2011), S. 650.; vgl. **Mota Pedrosa**, Alex (2012), S. 263f. mit dem Verweis auf die dort zitierte Literatur.
[14] Die aktuelle Global Supply Chain Survey 2013 von PricewaterhouseCoopers, untermauert die Notwendigkeit einer ganzheitlichen Betrachtungsweise im Rahmen der kundenbezogenen Konfiguration der Wertschöpfungskette, vgl. **PwC** (2012), S. 4f.

lung zwischen Anbieter und Nachfrager, im Wertschöpfungsprozess fokussiert werden.[15]

Damit einher geht das Verständnis einer interaktiven Wertschöpfung als integrative Sichtweise und soll nachfolgend den Bezugsrahmen einer ganzheitlichen Betrachtungsweise bilden.[16] Darauf aufbauend soll in der vorliegenden Arbeit ein ganzheitlicher Ansatz verfolgt werden, der mehrere Aspekte aus verschiedenen Forschungsrichtungen vereint.[17] Allgemein impliziert eine solche Vorgehensweise, aufgrund der Einbindung unterschiedlicher Themenschwerpunkte, einen relativ hohen Komplexitätsgrad. Aus diesem Grund, soll zur besseren Nachvollziehbarkeit, folgende speziell für diese Arbeit erstellte konzeptionelle Visualisierung des ganzheitlichen Ansatzes dienen.

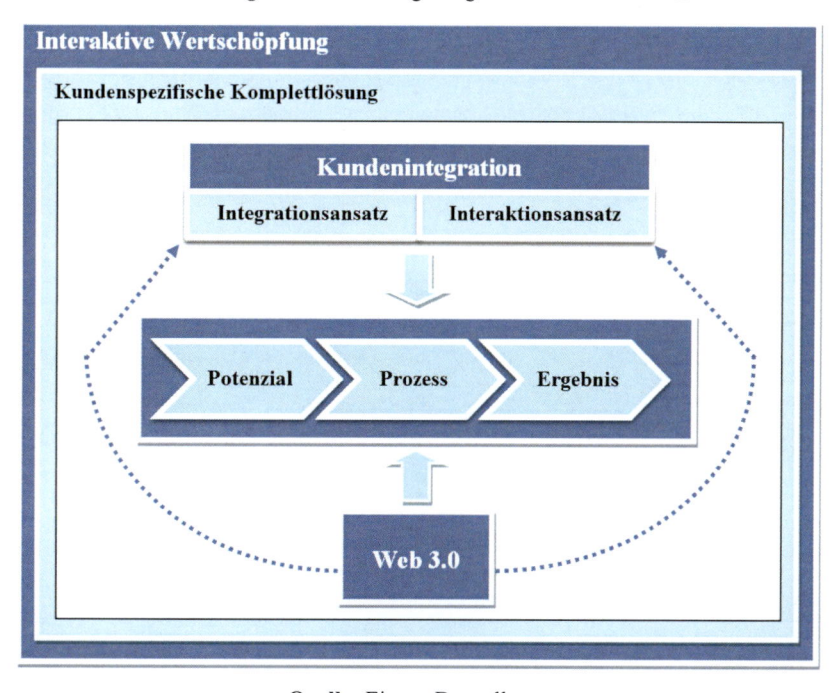

Abbildung 1: Visualisierung des ganzheitlichen Ansatzes

Quelle: Eigene Darstellung.

---

[15] Vgl. **Reichwald**, Ralf / **Piller**, Frank T. (2009), S. 51.; vgl. **Eichentopf**, Thomas et al. (2011), S. 650f.

[16] Vgl. **Reichwald**, Ralf / **Piller**, Frank T. (2009), S. 51ff.; vgl. **Hörstrup**, Robert (2012), S. 188f.

[17] Ein solch ganzheitliches Konzept, erfordert die Einbindung einer Vielzahl von Publikationen, die sich mit den verschiedenen Themen auseinandersetzen, vgl. **Johansson**, Juliet E. et al. (2003), S. 118.; vgl. **Vargo**, Stephen L. / **Lusch**, Robert F. (2004), S. 7f.; vgl. **Tuli**, Kapil et al. (2007), S. 4f.; vgl. **Reichwald**, Ralf / **Piller**, Frank T. (2009), S. 51ff.; vgl. **Fuchs**, Christian et al. (2010), S. 50f., vgl. **Console**, Luca et al. (2011), S. 266f.; vgl. **Chang**, Cheng-Wen et al. (2012), S. 1114.; vgl. **Anderson**, James C. / **Wouters**, Marc (2013), S. 75f.

Aus der obigen „visuellen Darstellung"[18] ist eine prozessuale Ausrichtung des ganzheitlichen Ansatzes deutlich zu erkennen und zeigt allgemein die innere Verbindung zwischen den, für diese Arbeit relevanten vier zentralen Begriffen auf.[19] Dieser dynamische Prozess ist als „[...] any purposeful activity or group of activities that result in an outcome [...]"[20] zu verstehen, der ferner auf den „[...] input such as human intelligence, information, machines, and materials."[21] angewiesen ist. Ein solch dynamischer Prozess impliziert allgemein, durch die Kombination mehrerer Teilleistungen, stets eine kundenspezifische Komplettlösung als Leistungsergebnis.[22] In diesem Zusammenhang spiegeln der Interaktions- und Integrationsansatz den dynamischen Prozess in den einzelnen Wertschöpfungsstufen wider.[23] Insgesamt kann erst durch die prozessorientierte Kombination der zentralen vier Begriffe, eine bereichsübergreifende Betrachtungsweise im ganzheitlichen Ansatz ermöglicht werden.

Eine bereits viel zitierte Aussage von *Drucker* (1954) bringt aus heutiger Sicht die Essenz dieser ganzheitlichen Ausrichtung einer interaktiven Wertschöpfung auf den Punkt: „It is the customer who determines what a business is."[24] Vor diesem Hintergrund beschäftigt sich die vorliegende Arbeit mit der effektiven und effizienten Gestaltung der Kundenintegration in Unternehmensprozessen sowie dessen Bedeutung. Infolgedessen kann die Forschungsfrage aus der obigen Abbildung abgeleitet und als zentrale Fragestellung für den gesamten Verlauf dieser Arbeit aufgestellt werden.

„Inwiefern schafft die Kundenintegration im Rahmen einer interaktiven Wertschöpfung einen Mehrwert für Anbieter und Nachfrager und welchen Einfluss hat diesbezüglich das Web 3.0?"[25]

---

[18] Zur besseren Übersicht, sollen die zwei blauen Farbtöne den zusammenhängenden ganzheitlichen Ansatz verdeutlichen. Die Farben unterscheiden sich in den jeweils markierten Bereichen zwischen einem dunkleren und helleren Blau. Die in dunklem Blau markierten Bereiche, umfassen jeweils die vier zentralen Begriffe des ganzheitlichen Ansatzes. Demgegenüber umfassen die in hellerem Blau markierten Bereiche, den dynamischen und zusammenhängenden Prozess sowie den resultierenden Phasenverlauf einer bereichsübergreifenden Betrachtungsweise. Die gestrichelte Linie soll den Einfluss von Web 3.0 auf den Integrations- und Interaktionsansatz verdeutlichen sowie dessen Bedeutung in der interaktiven Wertschöpfung.

[19] Zu den vier zentralen Begriffen zählen, die interaktive Wertschöpfung, die kundenspezifische Komplettlösung, die Kundenintegration und das Web 3.0. Im Verlauf der vorliegenden Arbeit werden zu den vier Begriffen schrittweise, gemäß des ganzheitlichen Ansatzes, eigenständige kontextspezifische Definitionen aufgestellt.

[20] **Haksever**, Cengiz et al. (2000), S. 152.

[21] **Haksever**, Cengiz et al. (2000), S. 152.

[22] Vgl. **Johansson**, Juliet E. et al. (2003), S. 118.; Zur Einordnung der kundenspezifischen Komplettlösung im ganzheitlichen Ansatz, vgl. Abbildung 1.

[23] Vgl. Abbildung 1.

[24] **Drucker**, Peter F. (1954), S. 37.

[25] Zur visuellen Einordnung, dieser Arbeit zugrundeliegenden Forschungsfrage, vgl. Abbildung 1.

Der Mehrwert bezieht sich auf den Integrations- und Interaktionsansatz und soll sich im Rahmen dieser Arbeit auf das Aufzeigen Nutzen stiftender Merkmale sowie die Ableitung konkreter Handlungsempfehlungen beschränken.

Daran anknüpfend beschäftigt sich diese Arbeit neben der Analyse Nutzen stiftender Merkmale, insbesondere mit den Voraussetzungen für eine effektive und effiziente Durchführung der Kundenintegration in sämtlichen unternehmerischen Wertschöpfungsstufen. In diesem Zusammenhang liegt eine Zielsetzung darin, konkrete Handlungsempfehlungen im Hinblick auf die Umsetzung der erforderlichen Voraussetzungen aufzustellen.

Zur Erläuterung der obigen Forschungsfrage und der jeweiligen Zielsetzung, setzt sich die vorliegende Arbeit stets vor dem Hintergrund des ganzheitlichen Ansatzes, wie folgt zusammen.

Im zweiten Kapitel sollen die theoretischen Grundlagen als Bezugsrahmen herausgearbeitet und erläutert werden. Der theoretische Bezugsrahmen erstreckt sich dabei von den begrifflichen Grundlagen über die Neue Institutionenökonomik bis hin zur Nutzentheorie. Das Ziel besteht darin, die wichtigsten theoretischen Bezugspunkte des ganzheitlichen Ansatzes kontextspezifisch darzulegen.

Im dritten Kapitel dieser Arbeit, soll die interaktive Wertschöpfung aus Sicht der Dispositionssphäre des Anbieters fokussiert und die Ausgestaltung der unternehmerischen Wertschöpfungskette im Hinblick auf die Kundenintegration, zunächst im Konsumgüterbereich und anschließend im Dienstleistungsbereich visualisiert sowie bereichsübergreifend analysiert werden. Des Weiteren soll die Ausgestaltung einzelner Wertschöpfungsstufen zur Nutzung potenzieller Kundenintegrationspunkte im Sinne einer ganzheitlichen Betrachtungsweise fokussiert und erläutert werden. In diesem Zusammenhang dient der Konsumgüterbereich lediglich als Bezugsrahmen für die weiterführenden Erläuterungen im Dienstleistungsbereich und soll zudem als Vergleichsbasis zum besseren Verständnis des dynamischen Phasenverlaufs im Dienstleistungsbereich fungieren. Im weiteren Verlauf dieses Kapitels soll nach der Analyse beider Bereiche mit Schwerpunkt auf den Dienstleistungsbereich, der integrative Leistungserstellungsprozess hinsichtlich der Erstellung kundenspezifischer Komplettlösungen in Wertschöpfungsnetzwerken analysiert und die Analyse verhaltensbasierter Unsicherheiten aus einer informationsökonomischen Perspektive thematisiert werden.

Im vierten Kapitel steht das Web 3.0 mit dessen Besonderheiten und Merkmalen im Fokus. Zunächst soll eine detaillierte Übersicht zur Internetentwicklung im Zeitverlauf aufgezeigt und den Übergang zum Web 3.0 strukturiert dargelegt werden. Die detaillierte Auseinandersetzung mit der Funktionsweise im Web 3.0 soll insbesondere im Integrations- und Interaktionsansatzes der interaktiven Wertschöpfung erfolgen.

Vor dem Hintergrund der Forschungsfrage, sollen aus sämtlichen Erläuterungen aus Kapitel drei und Kapitel vier dieser Arbeit, jeweils am Ende kontextspezifische Nutzen stiftende Merkmale sowie konkrete Handlungsempfehlungen aufgestellt und reflektiert werden.

Abschließend erfolgt im letzten Kapitel eine detaillierte Auseinandersetzung mit denen, für diese Arbeit wichtigsten Merkmale zur Beantwortung der Forschungsfrage sowie ein mit Limitationen einhergehender, reflektierter Forschungsausblick.

2 Theoretischer Bezugsrahmen

Im Rahmen dieses Kapitels sollen die zentralen Theorien im Sinne eines Bezugsrahmens aufgezeigt und kurz erläutert werden. Vor diesem Hintergrund sollen die Theorien der „Service Dominant Logic" (SDL), der Neuen Institutionenökonomik und des Nutzens als Kernaspekte fungieren. Im Folgenden sollen nur die wichtigsten Befunde und Erkenntnisse aus den verschiedenen Theorien beleuchtet und kontextspezifisch erläutert werden. Neben der SDL als grundlegende Theorie im Kontext der Kundenintegration, sollen im Rahmen der Neuen Institutionenökonomik besonders die Institutionen aus dem Wirtschaftsbereich im Mittelpunkt des Interesses stehen. In einem letzten Punkt soll die Theorie des Nutzens näher erläutert werden, da das Aufzeigen Nutzen stiftender Merkmale ein zentraler Bestandteil dieser Arbeit ausmacht.

2.1 Begriffliche Grundlagen

Zunächst soll das theoretische Grundverständnis zusammen mit den wesentlichen Kernaussagen der SDL vorgestellt und in Abgrenzung zur GDL erläutert werden. Daran anknüpfend soll der Dienstleistungsbegriff in Kombination mit hybriden Produkten aufgezeigt und das Konzept der Kundenintegration erläutert werden.

2.1.1 Service-Dominant Logic

Im Jahr 2004 rückte, im Rahmen mehrerer Publikationen der Autoren *Vargo* und *Lusch*, ein völlig neuer Ansatz in den Mittelpunkt des Interesses und revolutionierte das bisherige Marketingverständnis.[26] Der Kerngedanke befasst sich allgemein mit dem Perspektivenwechsel von der produkt- zur serviceorientierten Sichtweise. Die Autoren betrachten die Güterdominanz auf Märkten als überholt und fordern aus diesem Grund eine servicedominierte Logik.[27]

Die GDL fokussiert allgemein den Tauschwert von Leistungen und umfasst eher passive Ressourcen. Passive Ressourcen verkörpern sowohl Produktions- und Konsumgüter als auch die Kunden als Empfänger der Produkte. Der Wert wird vom Unternehmen bestimmt und spiegelt sich in der alleinigen Machtposition des Anbieters wieder. Das Unternehmen leistet daraufhin intensive Überzeugungsarbeit und bearbeitet den

---

[26] Vgl. *Vargo*, Stephen L. / *Lusch*, Robert F. (2004), S. 1.

[27] Vgl. *Vargo*, Stephan L. / *Lusch*, Robert F. (2008a), S. 255f.

Kunden, der lediglich als Empfänger des Produktes fungieren soll und somit als passive Ressource wahrgenommen wird.[28]

Die Autoren *Vargo* und *Lusch* sind der Meinung, dass diese traditionelle Denkweise der GDL nicht mehr zeitgemäß ist und haben daraufhin die SDL als neue zukunftsweisende Entwicklungstendenz vorgestellt.[29] In zahlreichen Publikationen haben die Autoren die SDL ständig weiterentwickelt und als eine Art Evolution in der Forschungswelt verinnerlicht. Die Forschungsarbeiten rund um die SDL erstrecken sich schon über eine Zeitspanne von fast acht Jahren und haben dabei für viel Aufsehen gesorgt.[30] Alle gesammelten Befunde und Gedanken über die SDL haben bis zur heutigen Zeit einen soliden Forschungsansatz hervorgebracht, der in dem von *Vargo* und *Lusch* (2012) gegründetem *Forum on Markets and Marketing* (FMM) ständig erweitert und verfeinert werden soll.[31]

In einer SDL stellen Märkte globale und verknüpfte Systeme dar, innerhalb deren die Akteure durch den gegenseitigen Austausch ihrer Fähigkeiten voneinander abhängig sind. Vor diesem Hintergrund haben die Autoren wichtige fundamentale Prämissen aufgestellt, die den Kern der SDL bilden.[32] Service fungiert als fundamentale Basis in der SDL und wird von den Autoren als „[…] the application of specialized competences (knowledge and skills) through deeds, processes, and performances for the benefit of another entity or the entity itself."[33] bezeichnet. Aus dieser Definition wird ersichtlich, dass Service als ein dynamischer Prozess zu verstehen ist, der sich allgemein aus der Übertragung aktiver Ressourcen eines Akteurs zum Vorteil eines anderen Akteurs ergibt. Zu diesen aktiven Ressourcen zählen eingebettete Fähigkeiten und Wissen der Menschen in Produkten. In diesem Zusammenhang werden Güter zum Vehikel aktiver Ressourcen, die sich ferner aus spezialisierten Kompetenzen zusammensetzen.[34] In der Folge propagieren die Autoren, dass die klassische Unterscheidung zwischen Sach- und Dienstleistungen sowie zwischen Anbieter und Nachfrager aufgegeben werden muss. Vor diesem Hintergrund leiten die Autoren die Kernaussage der SDL ab und sind der

---

[28] Vgl. *Vargo*, Stephen L. / *Lusch*, Robert F. (2004), S. 2.; vgl. *Vargo*, Stephan L. / *Lusch*, Robert F. (2008a), S. 255f.

[29] Vgl. *Vargo*, Stephen L. / *Lusch*, Robert F. (2004), S. 5f.

[30] Vgl. *Vargo*, Stephen L. / *Lusch*, Robert F. (2011), S. 1f.

[31] Vgl. *Vargo,* Stephen L. / *Lusch*, Robert F. (2012), S. 193ff. und dem Verweis auf die dort zitierte Literatur.

[32] Insgesamt konnten zehn fundamentale Prämissen aufgestellt werden, vgl. *Vargo*, Stephan L. / *Lusch*, Robert F. (2008b), S. 7. mit Verweis auf Tabelle 1.

[33] *Vargo*, Stephen L. / *Lusch*, Robert F. (2004), S. 2.

[34] Vgl. *Vargo*, Stephen L. / *Lusch*, Robert F. (2004), S. 7.

Meinung, dass alle Akteure in ökonomischen Prozessen gleichermaßen Wert schaffen. Sie betreiben eine wechselseitige *co-creation of value* durch die Integration von Ressourcen und Serviceleistungen.[35] Auf Basis dieser Kernaussage abstrahieren die Autoren jegliche Wirtschaftsubjekte zu generalisierten Akteuren, deren Aktivitäten durch die gegenseitige Ressourcenintegration stets eine *co-creation of value* zur Folge haben.[36]

Der SDL unterliegen aber auch einige Restriktionen, die sich insbesondere auf die praktische Umsetzung beziehen. Allgemein erklären die Autoren, dass die SDL keine neue Theorie, sondern vielmehr eine neue Perspektive darstellen soll. Diese Perspektive hat zum Ziel, alle bisherigen mikroökonomischen und marketingtheoretischen Überlegungen zu erweitern und mögliche Forschungspotenziale aufzuzeigen. Die Autoren verweisen in diesem Zusammenhang auf fehlende Evaluierungsaspekte und Implementierungsansätze einer SDL, die eine empirische Überprüfung zur Ableitung einer fundierten Theorie unmöglich machen.[37]

Im Rahmen dieser Arbeit liefert die SDL einige wichtige Aspekte, die den weiteren Verlauf der nachfolgenden Erläuterungen prägen. Die Feststellung der Autoren, dass die Logik einer Güterdominanz auf Märkten nicht mehr aktuell sei, ist zuzustimmen, da jedes Produkt bzw. jedes Gut eine Art von Service impliziert. Ohne die entsprechende Serviceleistung kann sich der Nutzen eines Guts nicht entfalten.[38] Diese Tatsache allein deutet schon auf die Existenz einer zwischen den Akteuren wertschöpfenden Interaktion hin, die eine gegenseitige Bereitstellung der eigenen Ressourcen zur Folge hat. Demnach ist auch der Sichtweise über die gegenseitige Ressourcenintegration als eine Prämisse der SDL und der daraus resultierende Prozess einer *co-creation of value* zwischen Anbieter und Nachfrager zuzustimmen.[39]

Doch der geforderten Gleichstellung sämtlicher Akteure der Wirklichkeit kann hinsichtlich dem allgemeinem Verständnis dieser Arbeit nicht zugestimmt werden. Demnach unterliegt jedes Wirtschaftsubjekt seinen eigenen, individuellen Bedingungen, die sich ferner aus internen und externen Einflussfaktoren zusammensetzen.[40] Die Trennung zwischen Anbieter und Nachfrager muss gewährleistet sein, da ohne diese Unterschei-

---

[35] Vgl. **Vargo**, Stephen L. / **Lusch**, Robert F. (2008a), S. 256.
[36] Vgl. **Vargo**, Stephen L. / **Lusch**, Robert F. (2011), S. 182f.
[37] Vgl. **Vargo**, Stephen L. (2011), S. 4f.; vgl. **Brodie**, Roderick J. et al. (2011), S. 75ff.
[38] Vgl. **Vargo**, Stephen L. / **Lusch**, Robert F. (2004), S. 5f.
[39] Vgl. **Vargo**, Stephan L. (2008), S. 211.; Das Verständnis zur Ressourcenintegration kann dem Konzept der Kundenintegration zugeordnet werden, vgl. **Vargo**, Stephan L. (2008), S. 211f.
[40] Vgl. **Spohrer**, James C. (2011), S. 199f.

dung eine effektive und effiziente Interaktion und Integration zwischen beiden Austauschpartner nur schwer zu realisieren wäre. Die Perspektive einer SDL ist demnach nicht in der Lage die Komplexität des globalen Marktes und seiner vernetzten Systeme widerzuspiegeln.[41]

2.1.2 Dienstleistungsbegriff

Die SDL umfasst die Vereinigung von Sach- und Dienstleistungen und zeigt das gegenseitige Zusammenspiel zwischen Beiden auf. Dieser Sachverhalt bedarf einer näheren Analyse, weshalb zunächst der Dienstleistungsbegriff aufgezeigt und anschließend die Verknüpfung zu Sachleistungen hergestellt werden soll.

Der Dienstleistungsbegriff umfasst keine allgemeingültige Definition, weshalb dieser mittels verschiedener Kategorisierungen und konstitutiver Merkmale erläutert werden muss.[42]

In der Literatur wird die Dienstleistung oft anhand eines enumerativen und negativen Ansatzes erklärt, wobei diese Ansätze eher nachrangig und für diese Arbeit keinen wissenschaftlichen Bezug aufweisen.[43] Demnach soll die Charakterisierung der Dienstleistung insbesondere mit Hilfe der konstitutiven Merkmale aufgezeigt und ferner in Kombination einer phasenorientierten Sichtweise erläutert werden.[44] Der phasenorientierte Ansatz ordnet den Dienstleistungsbegriff einer potenzial-, prozess- und ergebnisorientierten Sichtweise zu.[45] Die konstitutiven Merkmale können diesen drei Phasen zugeordnet werden.[46] Diese Vorgehensweise einer Drei-Phasen-Betrachtung zur Charakterisierung von Dienstleistungen ist besonders in Hinblick auf einen ganzheitlichen Ansatz als sinnvoll zu erachten.[47] Die potenzialorientierte Sichtweise verkörpert die Leistungsbereitschaft des Anbieters, welche sich in der Aufbereitung von Wissen und Fähigkeiten wiederspiegelt. Die Potenzialfaktoren stellen dabei überwiegend

---

[41] Vgl. *Gummesson*, Evert (2011), S. 191.; Als eine Erweiterung zur SDL soll, besonders wegen der stark unter- nehmenszentrierten Sichtweise der SDL, die Perspektive einer customer-dominant logic (CDL) dienen. Die CDL fokussiert Informationen über Kunden und deren Verhalten gegenüber von Unternehmen und stellt den Kunden in den Mittelpunkt der Betrachtung, vgl. *Heinonen*, Kristina et al. (2010), S. 543ff.

[42] Vgl. *Corsten*, Hans / *Gössinger*, Ralph (2007), S. 20f.

[43] Vgl. Für eine detaillierte Aufzählung von Beispielen im Sinne einer enumerativen Definition, vgl. *Langeard*, Eric (1981), S. 233ff.; Für die Gegenüberstellung von Dienstleistungen und Sachleistungen im Sinne einer Ne-gativdefinition, vgl. *Meyer*, Anton (1991), S. 197ff.

[44] Vgl. *Hilke*, Wolfgang (1989), S. 10ff.

[45] Vgl. *Engelhardt*, Werner H. et al. (1993), S. 398f.; vgl. *Hilke*, Wolfgang (1989), S. 11f.

[46] Vgl. *Hilke*, Wolfgang (1989), S. 10f.

[47] Vgl. *Meffert*, Heribert / *Bruhn*, Manfred (2012), S. 16f.; Im ganzheitlichen Ansatz setzt sich die Drei-Phasen- Betrachtung aus Potenzial, Prozess und Ergebnis zusammen, vgl. Abbildung 1.

interne physische, geistige und psychische Fähigkeiten dar und dienen als Voraussetzung für die Leistungsbereitschaft.[48] Eine Dienstleistung weist demnach einen hohen Immaterialitätsgrad auf und muss wegen der Variabilität der Leistung als heterogene nicht greifbare Leistung aufgefasst werden.[49] Die Immaterialität bedingt somit auch das sogenannte uno-actu Prinzip, welches auf das zeitliche Zusammenfallen von Produktion und Konsumtion einer Dienstleistung abzielt. Damit einher geht die Tatsache, dass Dienstleistungen im Gegensatz zu Sachleistungen nicht lagerfähig sind.[50] Unmittelbar nach der Aktivierung der Leistungsbereitschaft rückt die Prozessphase in den Vordergrund, welche sich durch die Endkombination interner und externer Faktoren auszeichnet.[51] Demnach impliziert die Dienstleistung die Integration eines externen Faktors. Dies lässt sich vor allem dadurch erklären, dass Dienstleistungen einen relativ hohen Individualitätsgrad aufzeigen.[52] Integrativität stellt, besonders auch im Rahmen dieser Arbeit ein wichtiges Merkmal zur Charakterisierung von Dienstleistungen dar. Daran anknüpfend wird laut *Fließ* (2009) eine Dienstleistung als eine Leistung angesehen, „[…] für deren Erstellung und/oder Erbringung die Mitwirkung des Kunden (= Integration in den Leistungserstellungsprozess) unabdingbar ist."[53] Schließlich enden die Aktivitäten der Prozessphase mit der Ergebnisphase, die sich allgemein aus einem für den jeweiligen Kunden Nutzen stiftendem Leistungsergebnis und einem anbieterseitigen Leistungsversprechen zusammensetzt.[54] Damit einher geht eine gewisse Unsicherheitssituation beim Kunden, die sich in der Beurteilungsproblematik von Leistungsversprechen widerspiegelt.[55] Insgesamt sind Dienstleistungen als relativ komplex anzusehen und zeichnen sich durch mehrere konstitutive Merkmale aus.[56] Eine Dienstleistung darf allgemein nicht isoliert betrachtet werden, da eine Dienstleistung auch mit materiellen Bestandteilen in Verbindung gebracht werden kann.[57] Desweiteren können

---

[48] Vgl. ***Hentschel***, Bert (1992), S. 19f.; vgl. ***Engelhardt***, Werner H. et al. (1993), S. 398ff.

[49] Vgl. ***Hilke***, Wolfgang (1989), S. 13.; vgl. ***Maleri***, Rudolf / ***Frietzsche***, Ursula (2008), S. 34.

[50] Vgl. ***Hilke***, Wolfgang (1989), S. 13.

[51] Vgl. ***Engelhardt***, Werner H. et al. (1993), S. 403.

[52] Vgl. ***Kleinaltenkamp***, Michael (1998), S. 39.

[53] ***Fließ***, Sabine (2009), S. 14.; *Meffert* und *Bruhn* haben die Dienstleistung in dem Drei-Phasen-Ansatz übersichtlich und ganzheitlich definieren können, wobei auch hier die Kundenintegration den höchsten Stellenwert ausmacht, vgl. ***Meffert***, Heribert / ***Bruhn***, Manfred (2012), S. 17.

[54] Vgl. ***Zeithaml***, Valerie A. / ***Bitner***, Mary J. (2003), S. 4.

[55] Vgl. ***Akerlof***, George A. (1970), S. 489f.; vgl. ***Weiber***, Rolf / ***Kleinaltenkamp***, Michael (2012), S. 121.

[56] Die Autoren *Meffert* und *Bruhn* haben die Komplexität einer Dienstleistung sowie die konstitutiven Merkmale übersichtlich aufgelistet und geben dazu weiterführende Informationen, die aber den Rahmen dieser Arbeit sprengen würden, vgl. ***Meffert***, H. / ***Bruhn***, Manfred (2012), S. 14ff. und S. 39f.

[57] Vgl. ***Meyer***, Anton (1994), S. 12.; vgl. ***Kersten***, Wolfgang et al. (2006), S. 192.

auch materielle Güter bestimmte immaterielle Leistungskomponenten aufweisen.[58] Daraus folgt, dass die Immaterialität kein allgemeingültiges Merkmal für Dienstleistungen darstellen kann, sondern vielmehr als eine traditionell verankerte und charakteristische Eigenschaft allgemeiner Dienstleistungen fungiert.[59] Infolgedessen wird ein integriertes Bündel aus Sach- und Dienstleistungen zu einem neuen Merkmal bei Dienstleistungen. In der Literatur werden solche Bündel als hybride Produkte, Leistungsbündel oder auch noch als Komplettlösung bezeichnet.[60] *Johansson et al.* (2003) definieren das hybride Produkt als "[...] a combination of products and services that creates value beyond the sum of its parts [...]"[61] *Sawhney et al.* (2006) erweitern diesen Definitionsansatz und beschreiben ein Leistungsbündel vielmehr als "[...] a customized, integrated combination of products, services and information that solves a customer's problem."[62] Daran anknüpfend bezeichnen *Shankar et al.* (2009) diese integrierte Kombination mehrerer Bestandteile als „[...] innovative offerings."[63] Ein hybrides Produkt impliziert demnach eine Verknüpfung mehrerer Teilleistungen und umfasst somit eine integrative Lösung, die sowohl interne als auch externe Faktoren benötigt und darüber hinaus die Integration mehrerer Akteure zur Erstellung erfordert. Insgesamt können Teilleistungen in Form von Produkten, Dienstleistungen, Informationen und Software miteinander kombiniert werden.[64] Zur Erstellung solcher Leistungsbündel wird des Weiteren die aktive Beteiligung der jeweiligen Kunden erforderlich, da nur so die Hybridität der Leistungsgestaltung auch die komplexen Kundenbedürfnisse befriedigen kann.[65]

Auf Basis der hier aufgeführten Definitionen und Ausführungen, kann im Rahmen dieser Arbeit eine gemäß dem ganzheitlichen Ansatz, kontextspezifische Definition aufgestellt werden. Ein hybrides Produkt kann als eine mehrdimensionale integrative und nutzenstiftende Komplettlösung bezeichnet werden, die mehrere aufeinander

---

[58] Vgl. *Normann*, Richard / *Ramirez*, Rafael (1993), S. 65f.
[59] Vgl. *Reiss*, Michael / *Präuer*, Arndt (2001), S. 49.; Die Autoren *Laroche, Bergeron* und *Goutaland* konnten in ihrer Studie das unausweichliche Zusammenspiel materieller und immaterieller Bestandteile im Leistungsergebnis belegen, vgl. *Laroche*, Michel et al. (2001), S. 35.
[60] Vgl. *Johansson*, Juliet E. et al. (2003), S. 118.; vgl. *Böhmann*, Tilo / *Krcmer*, Helmut (2007), S. 246f.; vgl. *Shankar*, Venkatesh et al. (2009), S. 2f.; vgl. *Engelhardt*, Werner H. et al. (1993), S. 395ff.; vgl. *Tuli*, Kapil et al. (2007), S. 4.
[61] *Johansson*, Juliet E. et al. (2003), S. 118.
[62] *Sawhney*, Mohanbir et al. (2006), S. 78.
[63] *Shankar*, Venkatesh et al. (2009), S. 95.
[64] Vgl. *Galbraith*, Jay R. (2002), S. 194.; vgl. *Sawhney*, Mohanbir et al. (2006), S. 78.
[65] Vgl. *Böhmann*, Tilo / *Krcmer*, Helmut (2007), S. 243f.; vgl. *Spath*, Dieter / *Demuß*, Lutz (2006), S. 475f.

abgestimmte und modifizierbare Produkte und Dienstleistungen vereint sowie einen bestimmten Integrations- und Interaktionsgrad erforderlich macht. In diesem Zusammenhang fasst der Begriff kundenspezifische Komplettlösung diesen Sachverhalt am besten zusammen.[66]

2.1.3 Kundenintegration

Im Rahmen der bisherigen Ausführungen ist festzuhalten, dass der Integrationsansatz hinsichtlich der gegenseitigen Ressourcenintegration aus Sicht der SDL und die Integrativität als konstitutives Merkmal bei Dienstleistungen, den Bezug zur Kundenintegration verdeutlichen. Aus diesem Grund soll im Folgenden das Konzept der Kundenintegration näher erläutert werden. Die Idee der Kundenintegration liegt weit zurück und bezieht sich insbesondere auf die Überlegungen des Autors *von Hippel* (1976) der das Konzept der Kundenintegration in Abgrenzung zur klassischen Kundenorientierung thematisiert.[67] Erst nach der Veröffentlichung des von ihm aufgestellten „Customer-Active-Paradigm (CAP)"[68] hat sich ein weites Forschungsfeld aufgetan, welches die Analyse der Kundenintegration aus verschiedenen Blickwinkeln und vor allem im Kontext der unternehmerischen Wertschöpfungskette umfasst.[69] Integrativität umfasst allgemein die Integration externer Faktoren des Kunden in den anbieterseitigen Leistungserstellungsprozess.[70] *Prahalad* und *Ramaswamy* (2004) sehen in diesem Zusammenhang „[…] a unique co-creation experience […]"[71] und heben insbesondere hervor, dass Interaktivität stets „[…] through personalized interactions […]"[72] zwischen Anbieter und Nachfrager erfolgt. Die Kundenintegration setzt demnach ein ausgeprägtes Kommunikationsverhalten sowie die Fähigkeit persönliche Interaktionen führen zu können, voraus.[73] Allgemein wird diese co-creation auch noch als co-production bezeichnet und fungiert dabei als ein zentrales Merkmal im Rahmen der Kundenintegra-

---

[66] Zur visuellen Einordnung im ganzheitlichen Ansatz, vgl. Abbildung 1., mit Verweis auf die kundenspezifische Komplettlösung.
[67] Vgl. **von Hippel**, Eric (1976), S. 13f.; vgl. **von Hippel**, Eric (1977), S. 213ff.
[68] **von Hippel**, Eric (1978a), S. 241.; vgl. **von Hippel**, Eric (1978b), S. 39f.
[69] Vgl. **Brockhoff**, Klaus (2003), S. 464f.; vgl. **Prahalad**, Coimbatore K. / ***Ramaswamy***, Venkatram (2004), S. 4f.; vgl. ***Fynes***, Brian et al. (2005), S. 3303f.; vgl. ***Vargo***, Stephen L. (2008), S. 211f.; vgl. **Reichwald**, Ralf / **Piller**, Frank T. (2009), S. 5f.; vgl. **Bruhn**, Manfred / **Stauss**, B. (2009), S. 5f.; vgl. **Heinonen**, Kristina et al. (2010), S. 534f.
[70] Vgl. **Bauer**, Hans H. (1995), S. 44.
[71] **Prahalad**, Coimbatore K. / ***Ramaswamy***, Venkatram (2004), S. 6.
[72] **Prahalad**, Coimbatore K. / ***Ramaswamy***, Venkatram (2004), S. 6.
[73] Vgl. **Reichwald**, Ralf / **Piller**, Frank T. (2009), S. 271f.

tion.[74] Laut *Etgar* (2008) umfasst diese "[...] all cooperation formats between consumers and production partners."[75] Die Autoren *Bruhn* und *Stauss* (2009) sehen die Kundenintegration als eine Art „fakultative Option für spezifische unternehmerische Zwecke"[76] und definieren den Kundenintegrationsbegriff als ein „Prozess der systematischen Analyse, Planung, Durchführung und Kontrolle der aktiven Teilnahme von Kunden an unternehmerischen Prozessen."[77] Dabei obliegt der Kunde nicht der autonomen Disposition des Anbieters sondern wird diesem für einen konkreten Bedarf zur Verfügung gestellt.[78] Des Weiteren kann zwischen mehreren Eingriffsmöglichkeiten des Kunden in den anbieterseitigen Leistungsprozessen unterschieden werden, wobei für die Arbeit lediglich die Eingriffstiefe und Eingriffsintensität von Bedeutung sind.[79] Die externen Produktionsfaktoren können sowohl physischer, psychischer als auch emotionaler Natur sein.[80] *Leyer* und *Moormann* (2012) sehen in diesem Kontext den Kunden als „[...] a resource which must necessarily provide input [...]"[81] Der Kunde kann dabei neben einer aktiven Mitgestaltungsrolle im Unternehmen auch allgemein als Kommunikator fungieren. Damit einher geht ein bestimmter Integrationsgrad, der je nach Intensität als gering, mittel oder hoch einzustufen ist.[82] Ein hoher Integrationsgrad erfordert neben der aktiven Kundenmitwirkung auch eine hoch individuelle Leistungserstellung und impliziert somit eine intensive Interaktionsbeziehung mit dem Kunden.[83] Demgegenüber geht ein niedriger Integrationsgrad mit einem bestimmten Standardisierungsgrad einher.[84]

Im Rahmen der verschiedenen Merkmale zur Beschreibung der Kundenintegration, gelten die Art der Beteiligung, das Ausmaß und die dynamische Phasenbetrachtung als wichtige Eigenschaften für den weiteren Verlauf dieser Arbeit.[85] Ein weiterer Ansatz im

---

[74] Vgl. **Moeller**, Sabine (2008), S. 198.
[75] **Etgar**, Michael (2008), S. 93.
[76] **Bruhn**, Manfred / **Stauss**, Bernd (2009), S. 6.
[77] **Bruhn**, Manfred / **Stauss**, Bernd (2009), S. 6.
[78] Vgl. **Engelhardt**, Werner H. et al. (1993), S. 412f.
[79] Vgl. **Engelhardt**, Werner H. et al. (1993), S. 413.; vgl. **Büttgen**, Marion (2007), S. 17f.
[80] Vgl. **Büttgen**, Marion (2007), S. 17f.
[81] **Leyer**, Michael / **Moormann**, Jürgen (2012), S. 1046.
[82] Vgl. **Zeithaml**, Valerie A. / **Bitner**, Mary J. (2003), S. 321.
[83] Vgl. **Zeithaml**, Valerie A. / **Bitner**, Mary J. (2003), S. 321f.; vgl. **Bruhn**, Manfred / **Stauss**, Bernd (2009), S. 15.
[84] Vgl. **Büttgen**, Marion (2007), S. 18f.; **Brockhoff**, Klaus (2003), S. 464f.
[85] Vgl. Abbildung 1. und Kapitel 2.1.2.; Insgesamt liefert *Büttgen* eine detaillierte Systematisierung vielfacher Gestaltungsoptionen zur Kundenintegration, die aber im Rahmen dieser Arbeit nicht weiter vertieft werden sollen, vgl. **Büttgen**, Marion (2007), S. 17ff.; Die Autoren *Bruhn* und *Stauss* haben die

Bereich der Kundenintegration stellt die abgeleitete Nachfrage im B2B-Bereich dar. Der Kunde ist somit selbst als Anbieter tätig, indem die nachgefragte Leistung im eigenen Wertschöpfungsprozess weiterverarbeitet wird.[86] Demnach überträgt der Kunde ein wesentlicher Beitrag nicht nur als Co-Produzent sondern auch als Co-Disponent und impliziert stets ein Zusammenspiel aus immateriellen und materiellen Bestandteilen.[87] Bezugnehmend auf den ganzheitlichen Ansatz dieser Arbeit, erweist sich eine erste kontextspezifische Definition zur Kundenintegration, auf Basis der hier aufgeführten Definitionen, als sinnvoll. Die Kundenintegration kann demnach als ein integrativer und interaktiver Prozess erachtet werden, der durch die Kombination mehrerer Faktoren einen bestimmten Integrationsgrad erfordert sowie ein mehr oder weniger starkes Interaktionserlebnis zwischen Anbieter und Nachfrager impliziert. Darauf aufbauend besteht das primäre Ziel stets darin, kundenspezifische Komplettlösungen zum Nutzen beider Austauschpartner zu generieren. In diesem Zusammenhang stellen die Planung und Koordination der Integrationsprozesse sowie der Aufbau von Interaktionskompetenz, wichtige Merkmale zur effektiven und effizienten Durchführung der Kundenintegration dar, wobei der Unsicherheitsaspekt nicht vernachlässigt werden darf.

2.2 Neue Institutionenökonomik

Die Neue Institutionenökonomik knüpft an die Publikationen der neoklassischen Theorie an und beschäftigt sich allgemein mit dem Wandel, der Funktion und der Wirkung institutioneller Infrastrukturen vor dem Hintergrund bestehender Informationsasymmetrien.[88] Mit Hilfe von Institutionen sollen bestehende Unsicherheiten reduziert werden, weshalb die Neue Institutionenökonomik für diese Arbeit eine hohe Relevanz hat.[89] Im Rahmen dieses Unterkapitels soll der Fokus speziell auf die Transaktionskostentheorie und auf die Prinzipal-Agenten-Theorie gelegt werden. Diese Einschränkung beruht insbesondere auf der Tatsache, dass sowohl die Transaktionsbeziehung zwischen Anbieter und Nachfrager als auch der Faktor Unsicherheit einen hohen Stellenwert für die Kundenintegration haben. Beide Theorien sollen nachfolgend kurz erläutert und in den Kontext der Kundenintegration gebracht werden.

---

verschiedenen Gestaltungsoptionen übersichtlich darstellen können, vgl. ***Bruhn***, Manfred / ***Stauss***, Bernd (2009), S. 12. Mit Verweis auf die dort aufgeführte Abbildung 2.

[86] Vgl. ***Weiber***, Rolf / ***Kleinaltenkamp***, Michael (2012), S. 24f.

[87] Vgl. ***Kleinaltenkamp***, Michael et al. (2009), S. 40.

[88] Vgl. ***Maucourant***, Jérôme (2012), S. 194f.

[89] Vgl. ***Kaas***, Klaus P. (1995), S. 5f.

2.2.1 Transaktionskostentheorie

Neben *Coase* sind die weiterführenden Publikationen von *Williamson* für die Transaktionskostentheorie relevant und bilden somit den Kern dieser Theorie.[90] Der Ausgangspunkt stellt die Transaktion dar, die allgemein aus der Interaktion beider Austauschpartner resultiert und ferner bei der Aushandlung über Verfügungsrechte an Gütern und Dienstleistungen zur Geltung kommt.[91] Die Transaktion kann demnach als eine austauschbezogene Vertragsverhandlung innerhalb einer bestimmten Organisationsform bezeichnet werden.[92] Darüber hinaus implizieren Transaktionen für beide Transaktionspartner bestimmte Kosten, die allgemein als Transaktionskosten bezeichnet werden.[93] Diese können sowohl monetärer als auch nicht-monetärer Natur sein. Demnach können sowohl monetäre Kosten für die allgemeine Durchsetzung von Verträgen als auch nicht-monetäre Kosten im Sinne von psychischen Belastungen anfallen.[94]

Zudem können Transaktionsbeziehungen bestimmte Störquellen aufweisen, die sich laut Williamson auf die von ihm aufgestellten Verhaltensannahmen wirtschaftlicher Akteure zurückführen lassen.[95]

Das primäre Ziel der Transaktionskostentheorie besteht darin, die bestmögliche Organisationsform innerhalb eines institutionellen Arrangements wählen zu können.[96] Die anfallenden Transaktionskosten dienen im Rahmen der gegenwärtigen Produktionsfaktoren als Effizienzmaßstab, so dass stets die Organisationsform mit den geringsten Transaktionskosten gewählt werden kann.[97] Die Transaktionskosten sind allgemein immer vor dem Hintergrund der aufgestellten Verhaltensannahmen zu begreifen. Dabei können die anfallenden Transaktionskosten zusätzlich durch verschiedene Dimensionen beeinflusst werden.[98]

---

[90] Die weitverbreitete Publikation von *Coase* stellt bis heute die Basis aller Publikationen dar, vgl. *Coase*, Ronald H. (1937), S. 386ff.; vgl. *Williamson*, Oliver E. (2010), S. 675ff. mit dem Verweis auf die dort zitierte Literatur.

[91] Vgl. *Coase*, Ronald H. (1937), S. 390f.; vgl. *Picot*, Arnold / *Dietl*, Helmut (1990), S. 178.

[92] Vgl. *Williamson*, Oliver E. (1985), S. 41.

[93] Vgl. *Coase*, Ronald H. (1937), S. 390.; vgl. *Williamson*, Oliver E. (1985), S. 20f.; vgl. *Meramveliotakis*, Giorgos / *Milonakis*, Dimitris (2010), S. 1047.

[94] Vgl. *Picot*, Arnold / *Dietl*, Helmut (1990), S. 178.; vgl. *Roth*, Stefan (2001), S. 54.

[95] *Williamson* unterscheidet zwischen begrenzter Rationalität, Opportunismus und Risikoneutralität. Zur näheren Beschreibung dieser Begriffe, vgl. *Williamson*, Oliver E. (1985), S. 45ff.

[96] Vgl. *Williamson*, Oliver E. (1985), S. 22.; vgl. *Picot*, Arnold / *Dietl*, Helmut (1990), S. 182f.

[97] Vgl. *Williamson*, Oliver E. (1985), S. 20.; vgl. *Kaas*, Klaus P. / *Fischer*, Marc (1993), S. 687.

[98] Für eine ausführliche Beschreibung der verschiedenen Dimensionen, vgl. *Williamson*, Oliver E. (1979), S. 239ff.

Für den weiteren Verlauf dieser Arbeit sind besonders die Dimensionen Spezifität und Unsicherheit relevant.[99]

Spezifität umfasst allgemein spezifische Investitionen, die mit einer bestimmten Quasi-Rente einhergehen und somit nur für die angestrebte Transaktionsbeziehung einen Nutzen stiften.[100] In diesem Zusammenhang wird der Begriff Faktorspezifität als wichtigstes Merkmale zur Beschreibung von Transaktionen verwendet.[101] Vor diesem Hintergrund kann die Spezifität auf das Konzept der Kundenintegration übertragen werden. In dem Kontext umfasst die Faktorspezifiät Investitionen in spezifische Ressourcen (materielle und immaterielle Ressourcen), die zur Entwicklung kundenspezifischer Komplettlösungen benötigt werden. Je höher diese spezifischen Investitionen ausfallen, umso höher steigt die Quasi-Rente in der jeweiligen Transaktionsbeziehung und somit die Abhängigkeitsposition zwischen Anbieter und Nachfrager.[102] Insgesamt werden sechs verschiedenen Arten der Faktorspezifität unterschieden, wobei hier nur die Sachkapital-, die Humankapital- und die Standortspezifität relevant sind.[103] Die Eingrenzung lässt sich dadurch erklären, dass die Kundenintegration vor dem Hintergrund kundenspezifischer Komplettlösungen, insbesondere spezifische Investitionen in Anlagen und Infrastrukturen (Sachkapitalspezifität) sowie auch in Weiterbildungsmaßnahmen (Humankapitalspezifität) erforderlich macht.[104] Des Weiteren müssen zur Sicherstellung der räumlichen Nähe beider Transaktionspartner und zu Gunsten störungsfreier Abläufe, Überlegungen über die jeweilige Standortwahl (Standortspezifität) getroffen werden.[105]

Die zweite Dimension stellt die verhaltensbasierte Unsicherheit zwischen Transaktionspartnern dar, wobei die Unsicherheit auch exogen durch unkontrollierte Umwelteinflüsse beeinflusst werden kann.[106] Hier soll aber vor allem die verhaltensbasierte endogene Unsicherheit von Relevanz sein. Diese macht sich bei der Ausnutzung eines vorliegenden Informationsvorsprungs zu Lasten eines anderen Transaktionspartners bemerkbar und lässt sich allgemein auf die Verhaltensannahme der beschränkten Rationalität

---

[99] Vgl. *Picot*, Arnold / *Dietl*, Helmut (1990), S. 179f.; vgl. *Rindfleisch*, Aric / *Heide*, Jan B. (1997), S. 41f.

[100] Vgl. *Picot*, Arnold / *Dietl*, Helmut (1990), S. 179f.; vgl. *Riordan*, Michael H. / *Williamson*, Oliver E. (1985), S. 367.

[101] Vgl. *Riordan*, Michael H. / *Williamson*, Oliver E. (1985), S. 367.

[102] Vgl. *Weiber*, Rolf / *Kleinaltenkamp*, Michael (2012), S. 75f.

[103] Für eine ausführliche Beschreibung der verschiedenen Arten von Faktorspezifität, vgl. *Williamson*, Oliver E. (1985), S. 95f.; vgl. *Kaas*, Klaus P. / *Fischer*, Marc (1993), S. 687f.

[104] Vgl. Kapitel 2.1.3.

[105] Vgl. *Williamson*, Oliver E. (1985), S. 97.

[106] Vgl. *Akerlof*, George A. (1970), S. 489f.; vgl. *Hirshleifer*, Jack / *Riley*, John G. (1979), S. 1377.

zurückführen.[107] Im Kontext der Kundenintegration, erhöht der anbieterseitige Informationsvorsprung gegenüber dem Kunden, die Gefahr opportunistischem Verhalten, weshalb diese Verhaltensannahme im Rahmen von Interaktionsbeziehungen beachtet werden muss.[108] Sind beide Dimensionen mehr oder weniger präsent, fallen je nach Ausprägung der jeweiligen Dimension, unterschiedlich hohe Transaktionskosten an.[109]

2.2.2 Principal-Agent-Theorie

Der Kern dieser Theorie knüpft an die verhaltensbasierte Unsicherheitsdimension aus der Transaktionskostentheorie an. Gerade dieser Aspekt der Unsicherheit wirft einige Fragen auf und bedarf einer näheren Analyse, weshalb in diesem Zusammenhang auch die Informationsökonomie wichtige Aspekte liefern kann.[110] Die Principal-Agent-Theorie basiert auf den Kernaussagen von *Jensen* und *Meckling* (1976) und besagt allgemein, dass ein Agent und ein Prinzipal in einer Beziehung zueinander stehen, wobei der Prinzipal stets auf die Handlungen vom Prinzipal vertrauen muss und somit einer bestimmten Unsicherheit ausgesetzt ist.[111]

Der Agent kann sein Informationsvorsprung zu seinem Vorteil ausnutzen und somit entgegen der Interessen des Prinzipals handeln.[112] In Gegenwart von Nutzenmaximierung hat der Agent zusätzliche Anreize, entgegen der Interessen des Prinzipals zu agieren.[113]

Interessenskonflikte im Rahmen von Prinzipal-Agent-Beziehungen resultieren allgemein aus der Tatsache, dass zwischen dem Prinzipal und dem Agent stets eine asymmetrische Informationsverteilung vorliegt und somit die Gefahr besteht, den daraus gewonnenen Informationsvorsprung zum eigenen Vorteil auszunutzen.[114] Dieser Informationsvorsprung sorgt wiederum für Unsicherheit beim Prinzipal, da dieser die Qualität der zu erstellenden Leistung sowie das Verhalten des Agenten nur unzureichend beurteilen kann.[115] Demzufolge verstärkt sich die Unsicherheitsposition des

---

[107] Vgl. **Simon**, Herbert A. (1955), S. 99f.; vgl. **Williamson**, Oliver E. (1985), S. 59f.

[108] Vgl. Kapitel 2.1.2.

[109] Vgl. **Picot**, Arnold (1982), S. 271.; vgl. **Williamson**, Oliver E. (1979), S. 239.

[110] Vgl. **Weiber**, Rolf / **Adler**, Jost (1995), S. 43ff.

[111] Vgl. **Jensen**, Michael C. / **Meckling**, William H. (1976), S. 308f.; Der Agent ist allgemein der Auftraggeber (Anbieter) und demgegenüber stellt der Prinzipal die Rolle des Auftragnehmers dar (Nachfrager), vgl. **Spremann**, Klaus (1990), S. 561f.; vgl. **Bergen**, Mark et al. (1992), S. 1.

[112] Vgl. **Spremann**, Klaus (1990), S. 562.; vgl. **Arrow**, Kenneth J. (1985), S. 37f.

[113] Vgl. **Mensch**, Gerhard (1999), S. 687.

[114] Vgl. **Bergen**, Mark et al. (1992), S. 4f.; vgl. **Akerlof**, George A. (1970), S. 490f.

[115] Vgl. **Mensch**, Gerhard (1999), S. 686; vgl. **Arrow**, Kenneth J. (1985), S. 39.

Prinzipals, wenn dieser nicht über das benötigte Know-how bei der zu erstellenden Leistung verfügt.[116] In diesem Zusammenhang liegt das primäre Ziel dieser Theorie in der effektiven und effizienten Gestaltung institutioneller Rahmenbedingungen zu Gunsten einer vertrauensvollen und transparenten Transaktionsbeziehung zwischen Agent und Prinzipal.[117] Diese Zielsetzung geht wiederum mit Kosten einher, die zur Bekämpfung von Informationsasymmetrien aufgebracht werden müssen. Diese Kosten werden als Agency-Costs bezeichnet und sind ausschlaggebend bei der Gestaltung institutioneller Rahmenbedingungen.[118]

Im Rahmen der Kundenintegration kann der Unsicherheitsaspekt auch beim Anbieter eine Rolle spielen. Demnach kann der Anbieter bestimmten unternehmensinternen Risiken ausgesetzt sein, die dann entstehen können, wenn der Kunde beim Integrationsprozess einen detaillierten Einblick in die Unternehmensstrukturen erhält und ferner die Leistungsgestaltung negativ beeinflussen kann.[119] Im Kontext kundenspezifischer Komplettlösungen, verstärkt sich der Unsicherheitsfaktor durch die Präsenz informationsökonomischer Eigenschaftskategorien.[120] Die informationsökonomischen Eigenschaftskategorien lassen sich allgemein in Such-, Erfahrungs- und Vertrauenseigenschaften aufteilen.[121] Sucheigenschaften zeichnen sich durch eine hohe Beurteilbarkeit aus und können grundsätzlich vor dem Kauf durch den Nachfrager vollständig inspiziert werden, weshalb diese eher bei Sachgütern vorzufinden sind.[122] Demgegenüber sind Erfahrungseigenschaften immer erst nach dem Kauf beurteilbar, so dass die Qualität der Leistung teilweise erst bei der Nutzung vom Kunden feststellbar ist.[123] Vertrauenseigenschaften sind dadurch geprägt, dass der Nachfrager weder vor noch nach dem Kauf die Qualität des Leistungsangebots beurteilen kann und somit vollständig dem Anbieter

---

[116] Vgl. *Arrow*, Kenneth J. (1985), S. 38f.

[117] Vgl. *Eisenhardt*, Kathleen M. (1989), S. 63f.

[118] Die Autoren *Alchian* und *Woodward* geben eine ausführliche Beschreibung zu den einzelnen Informationsasymmetrien. Insgesamt wird zwischen hidden characteristics, hidden action und hidden intention unterschieden. Alle drei Aspekte werden im dritten Kapitel noch einmal aufgegriffen, vgl. *Alchian*, Armen A. / *Woodward*, Susan (1988), S. 67f.; Für eine Übersicht in tabellarischer Form, vgl. *Husted*, Bryan W. (2007), S. 184.

[119] Vgl. *Bauer*, Hans H. / *Bayón*, Tomás (1995), S. 82f.

[120] Vgl. *Weiber*, Rolf / *Adler*, Jost (1995), S. 43ff.

[121] Vgl. *Nelson*, Philip J. (1970), S. 311ff.; vgl. *Darby*, Michael R. / *Karni*, Edi (1973), S. 68.; *Weiber* hat dazu alle drei Eigenschaftskategorien in einem dreidimensionalen Raum darstellen können und ferner als informationsökonomisches Dreieck begründet. Die subjektive Sicht des Nachfragers sowie die jeweilige Kaufsituation entscheiden dabei über die Zuordnung in den drei Eigenschaftskategorien, vgl. *Weiber*, Rolf (1993), S. 63f.

[122] Vgl. *Nelson*, Philip J. (1970), S. 312.; vgl. *Weiber*, Rolf / *Adler*, Jost (1995), S. 52.

[123] Vgl. *Nelson*, Philip J. (1970), S. 312f.; vgl. *Weiber*, Rolf / *Adler*, Jost (1995), S. 53f.

vertrauen muss.[124] Darüber hinaus muss der Kunde zur Beurteilung der Qualität, hohe Kosten aufbringen.[125] Insgesamt weisen Leistungen aber überwiegend alle drei Eigenschaftskategorien auf, wobei deren Gewichtung je nach Ausprägung der Leistung variieren kann.[126] Kundenspezifische Komplettlösungen weisen durch die relativ hohe Komplexität und dem zugrundeliegenden Leistungsversprechen, eine hohe Beurteilungsproblematik auf.[127]

Auf Basis der hier aufgeführten Erläuterungen im Rahmen der Neuen Institutionenökonomik, können die eingangs aufgestellten Definitionen zur kundenspezifischen Komplettlösung und zur Kundenintegration erweitert werden. Die Kundenintegration erfordert neben dem Integrations- und Interaktionsansatz auch spezifische Investitionen (Faktorspezifität), die eine mehr oder weniger ausgeprägte Abhängigkeitsposition zwischen beiden Transaktionspartnern (Anbieter und Nachfrager) zur Folge haben. Kundenspezifische Komplettlösungen weisen neben den bereits aufgestellten Eigenschaften, zusätzlich eine Dominanz an Vertrauenseigenschaften auf und implizieren wiederum eine bestimmte Unsicherheit beim Kunden.[128]

2.3 Nutzentheorie

Die Nutzentheorie kann insbesondere wegen der relativ breiten Anwendungsmöglichkeiten, als konzeptioneller Rahmen aufgefasst werden. Die klassische Kosten-Nutzen-Analyse, dessen Ursprung aus der Wohlfahrtsökonomik stammt, stellt den Kern für die Nutzentheorie dar.[129] Die Theorie versucht allgemein mit Hilfe einer Gegenüberstellung zu den jeweiligen Kosten, die aufgebracht werden müssen, den optimalen Nutzen zu erfassen und in diesem Zusammenhang, die Alternative mit der höchsten Rentabilität aufzuzeigen.[130] Das primäre Ziel liegt demnach in der Nutzenmaximierung der gewählten Alternative, welche zu geringsten Kosten den höchsten Nettonutzen erzielen soll.[131]

---

[124] Vgl. *Darby*, Michael R. / *Karni*, Edi (1973), S. 68f.; vgl. *Weiber*, Rolf / *Adler*, Jost (1995), S. 53f.

[125] Vgl. *Darby*, Michael R. / *Karni*, Edi (1973), S. 68.

[126] Vgl. *Darby*, Michael R. / *Karni*, Edi (1973), S. 69.; Laut *Zeithaml* werden Sachleistungen mit Sucheigenschaften und Dienstleistungen mit Erfahrungseigenschaften in Verbindung gesetzt, vgl. *Zeithaml*, Valerie A. (1984), S. 186ff.

[127] Vgl. *Weiber*, Rolf / *Kleinaltenkamp*, Michael (2012), S. 120f.

[128] Diese Erweiterungen sind gemäß der ganzheitlichen Betrachtungsweise als kontextspezifisch anzusehen und sind stets vor dem Hintergrund der bereits aufgestellten Definitionen aus Kapitel 2.1.2 und 2.1.3 zu verstehen.

[129] Vgl. *Samuelson*, Paul A. (1937), S. 155f.; vgl. *Sen*, Amartya (2000), S. 931.

[130] Vgl. *Sen*, Amartya (2000), S. 934.; vgl. *Fuguitt*, Diana / *Wilcox*, Shanton J. (1999), S. 35f.

[131] Vgl. *Swoveland*, Cary (1981), S. 157f.; vgl. *Fuguitt*, Diana / *Wilcox*, Shanton J. (1999), S. 35.

Der Nettonutzen ergibt sich wiederum aus der Differenz zwischen Kosten und Nutzen.[132]

Auf Basis der Ausführungen zur Kosten-Nutzen-Analyse, lässt sich diese Theorie auf das Konzept der Kundenintegration übertragen. Demnach würden die Kosten einerseits die Investitionen seitens des Anbieters zur Integration des externen Faktors und andererseits die Opferbereitschaft des Kunden zur Integration in die Unternehmensprozesse umfassen. Je nach Integrationsgrad, muss der Kunde Zeit und Energie aufbringen und der Anbieter die nötigen Infrastrukturen bereitstellen. Die Kosten beider Transaktionspartner werden aber nur dann getätigt, wenn daraus ein bestimmter Nutzen für beide Transaktionspartner resultiert. In diesem Zusammenhang steht der Nettonutzen im Vordergrund, welcher sich durch die einfache Gegenüberstellung der aufzubringenden Kosten und des daraus resultierenden Nutzens ergibt.[133] Letztendlich soll die Kosten-Nutzen-Analyse lediglich als Entscheidungshilfe fungieren und dient des Weiteren der Aufbereitung entscheidungsrelevanter Gegenüberstellungen zur Schaffung von Transparenz im Entscheidungsprozess.[134]

Kornhauser (2000) definiert den dynamischen und weitgefassten Begriff des Nutzens als "[…] the change in individual well-being that the policy induces […]."[135] Darauf aufbauend wird das individuelle Wohlbefinden als „[…] the satisfaction of subjective preferences."[136] verstanden. Aus dieser Definition geht deutlich hervor, dass ein bestimmter Nutzen stets die Befriedigung spezifischer Bedürfnisse, die allgemein das Wohlbefinden steigern, zur Folge hat. Auf diese Weise impliziert der Nutzen immer einen bestimmten Mehrwert, der zur Lösung eines vorher festgelegten Problems dienen soll.[137] Die Autoren *Walter*, *Ritter* und *Gemünden* (2001) definieren diesen Mehrwert als "[…] the perceived trade-off between multiple benefits and sacrifices gained through a customer relationship by key decision makers in the supplier's organization."[138] In diesem Zusammenhang wird ersichtlich, dass die Interaktionsbeziehung zwischen Anbieter und Nachfrager ein wichtiges Merkmal zur Nutzenstiftung darstellt.[139] Des

---

[132] Vgl. **Trumbull**, William, N. (1990), S. 202f.
[133] Vgl. **Sen**, Amartya (2000), S. 934.
[134] Vgl. **Trumbull**, William N. (1990), S. 206f.
[135] **Kornhauser**, Lewis A. (2000), S. 1039.
[136] **Kornhauser**, Lewis A. (2000), S. 1039.
[137] Vgl. **Kornhauser**, Lewis A. (2000), S. 1039f.
[138] **Walter**, Achim et al. (2001), S. 366.
[139] Vgl. **Walter**, Achim et al. (2001), S. 366f.; vgl. **Grönroos**, Christian / **Voima**, Päivi (2013), S. 140.

Weiteren gelten Informationen als wichtige Voraussetzung zur Nutzenstiftung.[140] Laut *Wittmann* (1959) umfassen Informationen jenes „[…] Wissen, das zur Erreichung eines Zweckes, nämlich einer möglichst vollkommenen Disposition, eingesetzt wird."[141] Auf Basis dieser Definition, fokussiert die Analyse des Nutzens im Rahmen dieser Arbeit, spezifische Informationsarten. Nutzen kann sich demnach primär mit dem Besitz von Bedürfnis- und Lösungsinformationen entfalten und variiert je nach Relevanz der jeweiligen Informationen.[142] Bedürfnisinformationen umfassen die Gesamtheit aller Präferenzen, Wünsche und Inhalte der Kunden sowie deren Anforderungen aber auch die Bedürfnisse des jeweiligen Marktes.[143] Allgemein beziehen sich Bedürfnisse immer auf ein konkretes Problem, das sich beim Nachfrager äußert und dessen Lösung einen bestimmten Nutzen darstellt.[144] Demzufolge ist der Nachfrager auf die jeweiligen Lösungsinformationen des Anbieters angewiesen. Lösungsinformationen fokussieren allgemein das Anbieterpotenzial und beruht somit auf das gezielte Wissen im Unternehmen, das ein formuliertes Bedürfnis seitens des Nachfragers mittels konkreter Sach- und Dienstleistungen zu lösen versucht.[145] Sind beide Informationsarten vorhanden ist der Nutzen maximal.[146]

Im Rahmen dieser Arbeit sind Bedürfnis- und Lösungsinformationen von großer Relevanz, da diese für die Kundenintegration sowie in Hinblick auf die Erstellung kundenspezifischer Komplettlösungen, einen hohen Stellenwert aufweisen.

Vor dem Hintergrund der hier beschriebenen Merkmale, können die Definitionen zur Kundenintegration und kundenspezifische Komplettlösung ein letztes Mal mit den beiden Nutzenkategorien erweitert werden. Demnach erfordern die Kundenintegration und eine kundenspezifische Komplettlösung ein hohes Maß an Bedürfnis- und Lösungsinformationen.

---

[140] Informationen werden in diesem Kontext als Informationsgewinnung und Informationsübertragung im Interaktionsprozess zwischen Anbieter und Nachfrager verstanden, vgl. **Kaas**, Klaus P. (1990), S. 540f.
[141] **Wittmann**, Waldemar (1959), S. 14.
[142] Vgl. **Reichwald**, Ralf / **Piller**, Frank T. (2009), S. 47.; vgl. **Thomke**, Stefan (2003), S. 25.
[143] Vgl. **Reichwald**, Ralf / **Piller**, Frank T. (2009), S. 47.
[144] Vgl. **Thomke**, Stefan (2003), S. 25f.
[145] Vgl. **Thomke**, Stefan (2003), S. 26.; vgl. **Reichwald**, Ralf / **Piller**, Frank T. (2009), S. 48.
[146] Vgl. **Reichwald**, Ralf / **Piller**, Frank T. (2009), S. 48f.

3 Kundenintegration als interaktive Wertschöpfung

Im Rahmen der theoretischen Begrifflichkeiten, konnten auf Basis einer literaturbezogenen Sichtung der Theorie, zwei für diese Arbeit zentrale Definitionen schrittweise aufgestellt werden. Der ganzheitliche Ansatz dieser Arbeit wird besonders in diesem dritten Kapitel von großer Relevanz sein. Demnach wird der ganzheitliche Ansatz zur Analyse der Kundenintegration auf das Verständnis einer interaktiven Wertschöpfung angewendet und mit Hilfe der einzelnen Wertschöpfungsstufen schrittweise erläutert. Interaktive Wertschöpfung wird von *Reichwald* und *Piller* (2009) definiert als „ [...] die Vergabe einer Aufgabe [...] an ein undefiniertes, großes Netzwerk von Kunden [...] und/oder anderen externen Akteuren in Form eines offenen Aufrufs zur Mitwirkung."[147] Aus dieser Definition wird ersichtlich, dass die interaktive Wertschöpfung insbesondere den Innovationsprozess im Unternehmen untersucht und dabei speziell den Konsumgüterbereich in den Fokus stellt. Im Rahmen dieser Arbeit soll die interaktive Wertschöpfung insbesondere im Dienstleistungsbereich, ganzheitlich angewendet werden. Zum Aufbau eines einheitlichen Verständnisses und in Hinblick auf die nachfolgenden Ausführungen, können die beiden zentralen Begriffe der Kundenintegration und der kundenspezifischen Komplettlösung, gemäß dem ganzheitlichen Ansatz, vollständig auf Basis der im theoretischen Bezugsrahmen angestellten Überlegungen, wie folgt definiert werden:[148]

> *Die **Kundenintegration** ist ein dynamischer Prozess, der durch die Kombination interner und externer Faktoren, einen konkreten Integrationsgrad erfordert und darüber hinaus, je nach Integrationsgrad, stets ein mehr oder weniger starkes Nutzen stiftendes sowie durch spezifische Investitionen geprägtes Interaktionserlebnis zwischen Anbieter und Nachfrager zur Folge hat.*

---

[147] **Reichwald**, Ralf / **Piller**, Frank T. (2009), S. 47.; Laut *Reichwald* und *Piller* umfasst, die von ihnen eingeführte interaktive Wertschöpfung ein kooperativen Innovationsprozesses. Die Ausführungen der Autoren entziehen sichn aber, trotz der intensiven Auseinandersetzung mit der Integration des Kunden in ausgewählten Unternehmensbereichen, einem ganzheitlichen Ansatz, vgl. **Reichwald**, Ralf / **Piller**, Frank T. (2009), S. 51ff.; vgl. **Hörstrup**, Robert (2012), S. 188f.

[148] Im Rahmen der Kundenintegration, basiert der dynamische Prozess auf dem Integrations- und Interaktionsansatz. Die internen und externen Faktoren enthalten neben den bereits erwähnten Faktoren auch Bedürfnis- und Lösungsinformationen. Für eine ausführliche Herleitung der Definition zur Kundenintegration, vgl. Kapitel 2.1.3.; Im Rahmen der kundenspezifischen Komplettlösung, können Teilleistungen in Form von Produkten, Dienstleistungen, Informationen und Software miteinander kombiniert werden. Für eine ausführliche Herleitung der Definition zur kundenspezifischen Komplettlösung, vgl. Kapitel 2.1.2.

> *Eine **kundenspezifische Komplettlösung** ist ein mehrdimensionales, integratives und Nutzen stiftendes Leistungsergebnis, das mehrere aufeinander abgestimmte materielle und immaterielle Teilleistungen vereint und ferner im Ergebnis eine Dominanz an Vertrauenseigenschaften aufweist sowie zur dessen Erstellung, den Bedarf an Kooperationspartner in Wertschöpfungsnetzwerken erforderlich macht.*

Beide Definitionen lassen sich somit im ganzheitlichen Ansatz einordnen und prägen die Überlegungen der nachfolgenden Unterkapitel.[149]

3.1 Interne Lieferkette im Konsumgüterbereich

Die in diesem Unterkapitel angestellten Überlegungen entziehen sich dem obigen ganzheitlichen Ansatz, weshalb der Konsumgüterbereich nur kurz aufgezeigt werden soll.

Der Konsumgüterbereich stellt die klassische B2C Beziehung zwischen Hersteller und Kunde dar. Allgemein werden standardisierte Produkte nach automatisierten Verfahren in großen Mengen produziert und stehen überwiegend für den privaten Verbrauch in Form von Verbrauchs- oder langlebigen Gebrauchsgüter am Markt zur Verfügung.[150] Der Kunde wird dann diejenige vorproduzierte Variante wählen, die seinen Bedürfnissen am nächsten kommt. Trotz diesem konventionellen Verfahren ist die Möglichkeit der Kundenintegration im Konsumgüterbereich dennoch gegeben.[151] Insbesondere im unternehmerischen Innovationsprozess und speziell im Rahmen der Produktentwicklung, spielt die Kundenintegration eine wichtige Rolle.[152] Infolgedessen, erscheint in diesem Zusammenhang eine strukturierte Visualisierung der einzelnen Wertschöpfungsstufen aus dem Konsumgüterbereich als sinnvoll. Zur Veranschaulichung ist in diesem Zusammenhang, die klassische Wertkette nach *Porter* als hilfreich zu erachten, da diese sämtliche Funktionsbereiche sowie deren primären und sekundären Aktivitäten übersichtlich darstellen kann.[153] Die Einflussmöglichkeiten auf die unternehmerische

---

[149] Zur visuellen Einordnung beider Definitionen im ganzheitlichen Ansatz, vgl. Abbildung 1.
[150] Vgl. **Kamlage**, Kerstin (2001), S. 88f.
[151] Vgl. **Salvador**, Fabrizio et al. (2009), S. 71f.; vgl. **PwC** (2012), S. 10f.
[152] Vgl. **Womack**, James P. / **Jones**, Daniel T. (2005), S. 61., vgl. **Boudreau**, Kevin J. / **Lakhani**, Karim R. (2013), S. 62.
[153] Vgl. **Porter**, Michael E. (2010), S. 66.; Das gesamte Modell der Wertkette würde den Rahmen dieser Arbeit sprengen, weshalb eine vereinfachte Wertschöpfungskette im Sinne einer internen Lieferkette zur Veranschaulichung dienen soll, vgl. **Engelhardt**, W. H. et al. (1993), S. 413.

Wertschöpfungskette gelten allgemein als relativ flexibel, so dass ein gewisses Potenzial zur Integration externer Faktoren gegeben ist.[154]

Abbildung 2: Interne Lieferkette im Konsumgüterbereich

F & E	Beschaffung	Produktion	Absatz
Open Innovation	**Ressourcen**	**Mass Customization**	**Kundenbindung**
• Informationsgewinnung • Lead User	• Informations- verarbeitung	• Herstellungsverfahren	• hybrides Produkt

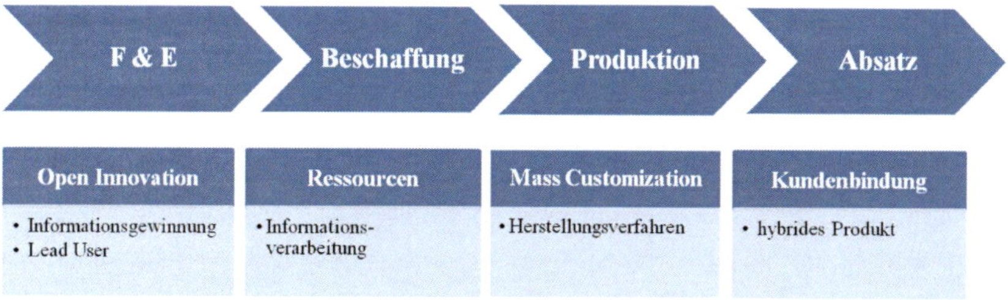

Quelle: Eigene Darstellung in Anlehnung an *Porter*, Michael E. (2010), S. 66f. und *Reichwald*, Ralf / *Piller*, Frank T. (2009), S. 53.

Aus der obigen Abbildung lassen sich vier elementare Prozessstufen eines klassischen Herstellerunternehmens aus dem Konsumgüterbereich entnehmen. Alle vier Stufen haben einen erheblichen Einfluss auf das Ergebnis und entscheiden somit über den Erfolg der jeweiligen Produktangebote.[155] Die hier dargestellte interne Lieferkette umfasst allgemein die Dispositionssphäre des Anbieters und fokussiert dabei die Ausgestaltung der einzelnen Wertschöpfungsstufen im Konsumgüterbereich. In diesem Zusammenhang beschreibt *Porter* (2010) jedes Unternehmen als „[…] eine Ansammlung von Tätigkeiten, durch die sein Produkt entworfen, hergestellt, vertrieben, ausgeliefert und unterstützt wird."[156] Daraus lässt sich ein Prozess ableiten, der sich in der obigen internen Wertkette widerspiegelt.

Die erste Stufe umfasst die Forschung und Entwicklung (F&E) des Unternehmens als wichtige Abteilung für Innovation und Wissensaufbau.[157] Der Bereich beschäftigt sich des Weiteren mit dem Potenzial, das sich überwiegend aus Marktforschungsanalysen, aus der Ideengenerierung und aus sämtlichen Aktivitäten der Informationsgewinnung zusammensetzt.[158] Demzufolge sind F&E-Abteilungen verstärkt auf die Hilfe potenzieller Ideengeber angewiesen, weshalb die Integration externer Inputgeber in F&E-

---

[154] Vgl. *Bendapudi*, Neeli / *Leone*, Robert (2003), S. 14f.; vgl. *Moeller*, Sabine (2008), S. 197.
[155] Vgl. *Porter*, Michael E. (2010), S. 68.
[156] *Porter*, Michael E. (2010), S. 67.
[157] Vgl. *Dosi*, Giovanni (1988), S. 1149f.
[158] Vgl. *Chesbrough*, Henry (2003), S. 41.; vgl. *Porter*, Michael E. (2010), S. 73.

Prozessen benötigt wird.[159] Die Kombination externer Ideen und externem Wissen mit den internen Ressourcen der F&E wird auch noch als Open Innovation bezeichnet.[160] Im Rahmen von Open Innovation, spielen insbesondere fortschrittliche Kunden eine wichtige Rolle und werden in der Literatur unter dem Namen Lead User thematisiert. Lead User werden allgemein als Initiator innovativer Produkte angesehen, deren Bedürfnisinformationen erst später für eine größere Abnehmerzahl relevant werden.[161] Des Weiteren sind Lead User überwiegend wegen ihrer Unzufriedenheit mit dem gegenwärtigen Produktangebot am Markt dazu bestrebt, neuartige Ideen in Form von Bedürfnis- und Lösungsinformationen gegenüber von Unternehmen zu äußern und ferner aktiv in der Produktentwicklung mitzuwirken.[162] Vor diesem Hintergrund wird ein Lead User auch noch als "[...] a need-forecasting laboratory for marketing research."[163] bezeichnet. Der Integrationsansatz vollzieht sich über potenzielle Bedürfnisinformationen sowie über die Beteiligung von Lead Usern in der F&E.[164] Die zweite Stufe der Beschaffung beschäftigt sich mit dem Erwerb der notwendigen Ressourcen, zur effektiven Herstellung der zu erstellenden Produkte. Der Produktionsprozess der dritten Wertschöpfungsstufe umfasst schließlich das klassische Herstellungsverfahren materieller Güter. Abschließend werden sämtliche Aktivitäten der letzten Stufe auf den Absatz ausgerichtet. Beim Absatz besteht das primäre Ziel darin, mit Hilfe eines adäquaten Marketing-Mix, die produzierten Produkte am Markt abzusetzen und dabei mögliche Kundenbindungen zu erzielen.[165] Aus dieser Beschreibung geht hervor, dass der proprietäre Schutz des Unternehmens über alle Wertschöpfungsstufen hinweg präsent ist und dem Kunden dabei eher eine passive Rolle zukommt.[166] Diese Art von Bearbeitung der internen Lieferkette kann mit dem „manufacturing-active paradigm (MAP)"[167] in Verbindung gebracht werden. Das MAP bedeutet, dass ein Herstellerunternehmen überwiegend aus eigener Kraft agiert und den Kunden lediglich als passiver Auskunftsgeber für Unternehmenszwecke integriert.[168] Demgegenüber steht beim CAP

---

[159] Vgl. *Reichwald*, Ralf / *Piller*, Frank T. (2009), S. 156f.
[160] Vgl. *Chesbrough*, Henry (2003), S. 37.
[161] Vgl. *Lüthje*, Christian et al. (2005), S. 952f.; vgl. *von Hippel*, Eric (1986), S. 791.
[162] Vgl. *von Hippel*, Eric (1986), S. 796f.; vgl. *Morrison*, Pamela D. et al. (2004), S. 352ff.
[163] *von Hippel*, Eric (1986), S. 791.
[164] Vgl. *Brockhoff*, Klaus (2003), S. 464f.
[165] Vgl. *Porter*, Michael E. (2010), S. 71ff.
[166] Vgl. *Reichwald*, Ralf / *Piller*, Frank T. (2009), S. 135.
[167] *von Hippel*, Eric (1978b), S. 39.
[168] Vgl. *von Hippel*, Eric (1978b), S. 39f.

der Kunde als aktiver Innovator und Initiator im Fokus aller Aktivitäten.[169] In diesem Zusammenhang eröffnet der von *Davis* (1987) geprägte Ausdruck Mass Customization, neue Möglichkeiten der Produktgestaltung und geht über die Aktivitäten der F&E-Abteilung hinaus.[170] Mass Customization kann dabei als "[…] a process for aligning an organization with its customer's needs."[171] angesehen werden. In diesem Kontext betrifft die Kundenintegration auch die Beschaffung, da die notwendigen Ressourcen vom jeweiligen Kunden abhängig sind.[172] Der endgültige Produktionsprozess findet aber letzten Endes wiederum intern im Unternehmen ohne Kundenintegration statt, wobei das Ergebnis im Rahmen von Mass Customization stets durch hybride Produktformen geprägt ist.[173] Diese speziell im Konsumgüterbereich charakteristische hybride Produktform zielt auf ein konkretes Produkterlebnis und auf die daraus resultierende Identifikation mit dem Produkt ab.[174] Das ursprüngliche Produkt wird mit persönlichen Spezifikationen in Form von Zusatzleistungen angereichert und verfolgt dabei ein kundenspezifischer Ansatz.[175] Die Aufgabe des Anbieters besteht zunächst darin, die notwendigen Infrastrukturen zur Verfügung zu stellen, um anschließend den Prozess der individuellen Produktgestaltung initiieren und koordinieren zu können.[176] Nachdem der Kunde seine individuellen Bedürfnisse in Interaktion mit dem Herstellerunternehmen kommuniziert hat, werden die jeweiligen Standardprodukte im verfügbaren Angebotsspektrum mit den gewünschten Spezifikationen angereichert.[177] Daraus folgt, dass Mass Customization auch als kundenindividuelle Massenproduktion bezeichnet werden kann.[178] Der geringe Immaterialitätsgrad impliziert aufgrund der vereinfachten Qualitätsbeurteilung im kundenseitigen Nutzungsprozess, eine Dominanz an Such- und Erfahrungseigenschaften, weshalb der Unsicherheitsaspekt nicht so stark ausgeprägt ist.[179]

---

[169] Vgl. *von Hippel*, Eric (1978a), S. 243f.

[170] Vgl. *Davis*, Stanley M. (1987), S. 169.; vgl. *Piller*, Frank T. et al. (2004), S. 437.

[171] *Salvador*, Fabrizio et al. (2009), S. 71.

[172] Vgl. *Salvador*, Fabrizio et al. (2009), S. 73f.; vgl. *Gilmore*, James H. / *II Pine*, Joseph B. (1997), S. 92f.

[173] Vgl. *Gilmore*, James H. / *II Pine*, Joseph B. (1997), S. 92f.

[174] Vgl. *Cavallone*, Mauro / *Cassia*, Fabio (2012), S. 203.; vgl. *Piller*, Frank T. et al. (2004), S. 442.

[175] Kundenspezifische Produktspezifikationen umfassen beispielsweise die persönliche Farb- und Designauswahl der Produkte oder individuelle Signaturen auf dem Produkt, vgl. *Piller*, Frank T. et al. (2004), S. 441f.; vgl. *Gilmore*, James H. / *II Pine*, Joseph B. (1997), S. 92.

[176] Vgl. *Jacob*, Frank (2003), S. 84f.; vgl. *Piller*, Frank T. et al. (2004), S. 437.

[177] Vgl. *Salvador*, Fabrizio et al. (2009), S. 73.

[178] Vgl. *Gilmore*, James H. / *II Pine*, Joseph B. (1997), S. 91.

[179] Vgl. *Darby*, Michael R. / *Karni*, Edi (1973), S. 68.; vgl. *Weiber*, Rolf (1993), S. 63f.

Ein weiterer Punkt betrifft den Lösungsraum im Konsumgüterbereich, welcher im Rahmen von Open Innovation durch einen eher offenen Lösungsprozess und bei Mass Customization überwiegend durch einen geschlossenen Lösungsprozess geprägt ist.[180] Damit einher geht, dass Open Innovation überwiegend ein offener Integrationsansatz bei der Informationssammlung externer Akteure verfolgt.[181] Demgegenüber verfolgt die kundenindividuelle Massenproduktion, insbesondere wegen der kundenbezogenen Individualisierung von Produkten, ein überwiegend geschlossener Interaktionsansatz zwischen Anbieter und Nachfrager.[182]

Insgesamt geht aus zahlreichen Beispielen hervor, dass Mass Customization im Konsumgüterbereich stark zunehmen und in der Folge ein dynamischer Wandel implizieren wird.[183] Abschließend kann auf Basis der hier aufgeführten Erläuterungen festgehalten werden, dass der gesamte Prozess relativ überschaubar ist und mit einem eher geringen Komplexitätsgrad einher geht, weshalb im Konsumgüterbereich auch ein mehr oder weniger starker Grad an Standardisierung vorzufinden ist. Die Entwicklung in Richtung einer ganzheitlichen Kundenintegration, die sämtliche Wertschöpfungsstufen umfasst, wäre demnach wünschenswert. Vor diesem Hintergrund steht der Konsumgüterbereich noch vor einigen Herausforderungen, die mit wichtigen Veränderungen einher gehen werden.

3.2 Interne Lieferkette im Dienstleistungsbereich

Die klassische interne Lieferkette im Konsumgüterbereich konnte im obigen Unterkapitel in Verbindung mit Open Innovation und Mass Customization aufgezeigt und kurz erläutert werden. Das ursprüngliche Verständnis einer interaktiven Wertschöpfung gemäß den vorherigen Erläuterungen im Konsumgüterbereich, kann im Dienstleistungsbereich aber nicht beibehalten werden und bedarf somit einer Erweiterung. Demnach eignet sich die interne Lieferkette vom Konsumgüterbereich besonders gut als Vergleichsbasis für die nachfolgenden Erläuterungen. Die interne Lieferkette aus dem

---

[180] Vgl. *Reichwald*, Ralf / *Piller*, Frank T. (2009), S. 235.

[181] Vgl. *Chesbrough*, Henry (2003), S. 37.; vgl. *Reichwald*, Ralf / *Piller*, Frank T. (2009), S. 153.

[182] Vgl. *Piller*, Frank T. et al. (2004), S. 442.; vgl. *Miceli*, Gaetano et al. (2007), S. 6f.; Bei der individuellen Produktkonfiguration spielen die modernen Informations- und Kommunikationstechnologien eine herausragende Rolle und ermöglichen eine intuitive Konfiguration, weshalb dieser Aspekt erst im vierten Kapitel näher erläutert werden soll, vgl. Kapitel 4.3.

[183] Vgl. *Fredberg*, Tobias / *Piller*, Frank T. (2011), S. 470f.; Zahlreiche Case Studies sowie weiterführende Praxisbeispiele können aus dem von *Piller* geführten Blog entnommen werden, vgl. *Piller*, Frank T. (2013), o. S. mit dem Verweis auf die dort verwiesene Beispiele; Das Konzept „NikeiD" ist ein gutes Beispiel für die im Rahmen von Mass Customization beschriebene hybride Produktform, vgl. *Nike Inc.* (2013a), o. S. mit dem Verweis auf das Konzept NIKEiD.

Dienstleistungsbereich stellt im Gegensatz zum Konsumgüterbereich, die weitaus komplexere Variante dar und erfordert zudem deutlich mehr Kompetenzen in Hinblick auf den Integrations- und Interaktionsansatz.[184] Der Dienstleistungsbereich impliziert neben den geforderten Kompetenzen auch spezifische Änderungen in den einzelnen Wertschöpfungsstufen, die wiederum mit spezifischen Investitionen und Risiken einhergehen.[185] Dies hat zur Folge, dass der Anbieter einem ganzheitlichen Integrationsansatz ausgesetzt ist und somit der Herausforderung, die Integration des Kunden in jeder einzelnen Wertschöpfungsstufe zu koordinieren sowie eine bereichsübergreifende Interaktion zu gewährleisten, nachkommen muss.[186] Des Weiteren weitet sich das Netzwerk der Transaktionspartner im Dienstleistungsbereich weiter aus, indem neben dem B2C-Bereich auch der B2B-Bereich mit eingebunden ist. Vor diesem Hintergrund, kann die ursprünglich von *Reichwald* und *Piller* (2009) definierte interaktive Wertschöpfung mit dem in dieser Arbeit verfolgtem ganzheitlichen Ansatz, wie folgt definiert werden:[187]

---

*Die **interaktive Wertschöpfung** umfasst ein integrativer und interaktiver Prozess, der durch eine kundenspezifische Konfiguration sämtlicher Wertschöpfungsstufen geprägt ist.*

Die hier aufgeführte Definition zur interaktiven Wertschöpfung prägt das allgemeine Verständnis einer ganzheitlichen Wertschöpfungskette im Dienstleistungsbereich. Im Folgenden soll im Rahmen des ganzheitlichen Ansatzes, die interne Lieferkette aus dem Dienstleistungsbereich zunächst veranschaulicht werden.[188]

---

[184] Vgl. *Wikström*, Solveig (1996), S. 361.

[185] Vgl. *Bruhn*, Manfred / *Stauss*, Bernd (2009), S. 5.

[186] Vgl. *Fließ*, Sabine (2009), S. 11.

[187] Die interaktive Wertschöpfung fungiert in diesem Ansatz als Oberbegriff und prägt alle untergeordnete Begriffe. Zur visuellen Einordnung der interaktiven Wertschöpfung im ganzheitlichen Ansatz, vgl. Abbildung 1.

[188] Die interne Lieferkette im Dienstleistungsbereich soll gemäß dem in Abbildung 1 visualisierten ganzheitlichem Ansatz verstanden und dabei mit denen in dieser Arbeit aufgestellten Definitionen, der interaktiven Wertschöpfung, der Kundenintegration und kundenspezifische Komplettlösung, in Verbindung gebracht werden, vgl. Abbildung 1.; vgl. Kapitel 3.

Abbildung 3: Interne Lieferkette im Dienstleistungsbereich

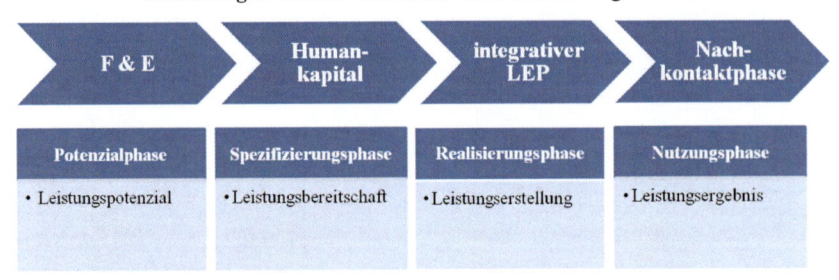

F & E	Human-kapital	integrativer LEP	Nach-kontaktphase
Potenzialphase	**Spezifizierungsphase**	**Realisierungsphase**	**Nutzungsphase**
• Leistungspotenzial	• Leistungsbereitschaft	• Leistungserstellung	• Leistungsergebnis

Quelle: Eigene Darstellung in Anlehnung an *Porter*, Michael E. (2010), S. 68. und *Engelhardt*, Werner H. et al. (1993), S. 413ff.

Aus der obigen Abbildung lässt sich im Vergleich zum Konsumgüterbereich, eine deutlich veränderte interne Lieferkette entnehmen. Die Kundenintegration vollzieht sich in sämtlichen Wertschöpfungsstufe und der Kunde übernimmt wertschöpfende Tätigkeiten, die wesentlich zum Leistungsergebnis beitragen. Der Anbieter übernimmt in diesem Zusammenhang die Rolle eines Lösungsanbieters, mit dem Ziel kundenspezifische Komplettlösungen für den jeweiligen Kunden zu erstellen und des Weiteren eines kundenzentrierte Organisation mit prozessorientierten Strukturen aufzubauen.[189] Die interne Lieferkette unterliegt dabei einem dynamischen Prozess, der sich durch eine bereichsübergreifende Zusammenführung zielorientierter Aktivitäten auszeichnet und ferner wichtige Transformationsprozesse in den einzelnen Wertschöpfungsstufen impliziert.[190] Darüber hinaus wird der hier beschriebene Prozess mit einem Phasenverlauf kombiniert und erstreckt sich allgemein vom Leistungspotenzial bis hin zum Leistungsergebnis.[191]

Bezugnehmend auf diesen dynamischen Prozess, sollen in den nachfolgenden Abschnitten, der Integrations- und Interaktionsansatz in sämtlichen Wertschöpfungsstufen ausführlich erläutert werden.

---

[189] Vgl. *Miller*, Danny et al. (2002), S. 9.; vgl. *Galbraith*, Jay (2002), S. 194f.
[190] Vgl. *Tuli*, Kapil R. et al. (2007), S. 5f.; vgl. *Haksever*, Cengiz et al. (2000), S. 152.
[191] Vgl. Kapitel 2.1.2.; Im ganzheitlichen Ansatz versteht sich dieser Phasenverlauf als Potenzial - Prozess - Ergebnis, vgl. Abbildung 1.

3.2.1 Forschung und Entwicklung

Der Anfang jeglicher Aktivitäten, stellt die make-or-buy Entscheidung dar. Eigenerstellung oder Fremdbezug stellen sowohl für den Anbieter als auch für den Kunden eine wichtige Entscheidung dar. Ein Kunde beauftragt das jeweilige Unternehmen zur Lösung eines konkreten Problems, da er sein Bedürfnis nicht durch Eigenerstellung befriedigen kann.[192]

Die Abteilung der F&E hat für den Dienstleistungssektor einen wichtigen Stellenwert, da die gesammelten Informationen und die gefällten Entscheidungen, wichtige Auswirkungen auf sämtliche Wertschöpfungsstufen haben.[193] Insbesondere die intensive Auseinandersetzung mit Wissen und Informationen, gilt als typisches Merkmal von F&E-Aktivitäten, weshalb im Dienstleistungsbereich eine Kategorisierung der verschiedenen Aktivitäten vorgenommen werden muss.[194] Zwischen den Aktivitäten der Forschung und den Aktivitäten der Entwicklung, liegt im Dienstleistungsbereich ein interner Verarbeitungsprozess vor, welcher besonders im Rahmen kundenspezifischer Komplettlösungen notwendig wird.[195]

Das Aufgabenspektrum der internen Forscher umfasst vor dem Hintergrund der Kundenanforderungen, die gezielte Sammlung von Expertenwissen mit dem Ziel sowohl Bedürfnis- als auch Lösungsinformationen generieren zu können. Daran anknüpfend prüfen die internen Entwickler, die gesammelten Informationen auf deren Informationsgehalt.[196]

Insgesamt wird das Aufgabenfeld der internen Forscher und Entwickler deutlich komplexer, da neben den herkömmlichen Aktivitäten zusätzlich Koordinations- und Bewertungsprozesse gesteuert werden müssen. Hinzu kommt die Fähigkeit die Problembeschreibungen der Nachfrager für den nachgelagerten Verarbeitungsprozess nachvollziehbar zu machen und mit dem verfügbaren Potenzial zu verknüpfen.[197] In diesem Zusammenhang entsteht eine erste notwendige Interaktionsbeziehung zwischen der F&E-Abteilung und den Kunden.

---

[192] Vgl. **Ford**, David / **Farmer**, David (1986), S. 54f.; vgl. **McIvor**, Ronan T. / **Humphreys**, Paul K. (2000), S. 296.
[193] Vgl. **Beitz**, Wolfgang (1996), S. 287f.; vgl. Kapitel 2.3 und Kapitel 3.1.
[194] Vgl. **Hipp**, Christiane / **Grupp**, Hariolf (2005), S. 518f.
[195] Vgl. **Hipp**, Christiane / **Grupp**, Hariolf (2005), S. 518.
[196] Vgl. **Beitz**, Wolfgang (1996), S. 287f.; vgl. **Drejer**, Ina (2004), S. 553.
[197] Vgl. **Hipp**, Christiane / **Grupp**, Hariolf (2005), S. 519ff.

Zur Generierung und Verarbeitung der verschiedenen Informationen können sowohl qualitative als auch quantitative Verfahren angewendet werden.[198] Insbesondere Experteninterviews und Befragungen prägen den hier beschriebenen Innovationsprozess im Dienstleistungssektor.[199] Eine Studie von *Tuli et al.* (2007) umfasst die in diesem Kapitel beschriebene, prozessorientierte Sichtweise und konnte auf Basis von Experteninterviews, wichtige Ergebnisse im Rahmen der Erstellung kundenspezifischer Komplettlösungen liefern.[200]

Aus den Ergebnissen der Studie geht deutlich hervor, dass ohne die Kenntnisse über Kundenbedürfnisse und über ein tiefergehendes Verständnis der Kunden, keine innovative Lösung erstellt werden kann. Die Interaktion zwischen Anbieter und Kunde spielt dabei eine fundamentale Rolle. Dieser Befund geht mit den obigen Erläuterungen zu den Aktivitäten der F&E-Abteilung einher.[201] Neben der Informationsgewinnung müssen die internen Forscher und Entwickler zusätzlich die Fähigkeit zur Absorption verinnerlichen und diese richtig anzuwenden wissen. Die Absorptionsfähigkeit umfasst die Kompetenz aus externen Quellen zu lernen und darauf aufbauend das Gelernte für die eigene Wissensgenerierung zu nutzen.[202]

Laut einer Studie von *Sethi* und *Nicholson* (2001) muss zur erfolgreichen Erstellung kundenspezifischer Komplettlösungen, bereits im Rahmen der einzelnen F&E-Aktivitäten, ein bereichsübergreifender Kommunikationsfluss über alle Stufen hinweg gewährleistet sein.[203]

Zusammenfassend kann festgehalten werden, dass die F&E-Abteilung sich primär mit dem Potenzial bezüglich der geforderten Problemlösung und des Weiteren mit den spezifischen Bedürfnisse und Anforderungen der jeweiligen Kunden auseinandersetzen muss. In der Literatur wird diesbezüglich auch noch vom Leistungspotenzial gesprochen und setzt sich allgemein aus dem Unternehmenspotenzial und der Eigenleistung des Kunden zusammen.[204] Das Leistungspotenzial ist demnach eine Art Vorleistung, die in sämtliche Stufen einfließt und ist somit die erste Phase eines cross-funktionalen

---

[198] Vgl. **Mayring**, Philipp (2010), S. 17ff.; vgl. **Backhaus**, Klaus et al. (2011), S. 1ff.

[199] Vgl. **Mayring**, Philipp (2010), S. 22ff.; vgl. **Gläser**, Jochen / **Laudel**, Grit (2009), S. 23ff.

[200] Die Experteninterviews konnten anschließend mit schriftlichen Befragungen ergänzt werden. Allgemein fokussieren diese speziell Führungskräfte aus Anbieter- und Kundenunternehmen, vgl. **Tuli**, Kapil R. et al. (2007), S. 1ff.

[201] Vgl. **Tuli**, Kapil R. et al. (2007), S. 5f.

[202] Vgl. **Zahra**, Shaker A. / **George**, Gerard (2002), S. 189f.; vgl. **Zahra**, Shaker A. et al. (2006), S. 918f.

[203] Die Befunde dieser Studie beruhen insbesondere auf dem Erfolg cross-funktionaler Teams. Der Aufbau von cross-functionality gilt demnach als Voraussetzung für eine erfolgreiche F&E hinsichtlich kundenspezifischer Komplettlösungen, vgl. **Sethi**, Rajesh / **Nicholson**, Carolyn Y. (2001), S. 154f.

[204] Vgl. Kapitel 2.1.2.

Phasenverlaufs.[205] Cross-Funktionalität wird somit zu einer wichtigen Voraussetzung für eine bereichsübergreifende Betrachtungsweise, weshalb dessen Implementierung so früh wie möglich verinnerlicht werden muss.[206]

3.2.2 Humankapital

Die zweite Stufe der internen Lieferkette knüpft unmittelbar an die Potenzialphase der ersten Stufe an. Innerhalb der zweiten Stufe dreht sich alles rund um die Spezifikation und Konfiguration der kundenspezifischen Komplettlösung und umfasst darüber hinaus die Vorbereitung und Mobilisierung aller notwendigen Ressourcen.[207] Ein weiterer Punkt stellt die notwendige Interaktion mit dem jeweiligen Kunden dar und die damit einhergehende Planung und Koordination aller notwendigen Vorbereitungen.[208] Demzufolge können sämtliche Prozesse und Aktivitäten dieser Stufe, als Leistungsbereitschaft des Anbieters innerhalb der Spezifizierungsphase bezeichnet werden.[209] Die make-or-buy Entscheidung stellt den Anbieter gerade in der Spezifizierungsphase vor eine große Herausforderung, da ein Unternehmen nicht alle Kompetenzen für ein derart komplexes Leistungsbündel aufweisen kann. In diesem Zusammenhang sind gerade anbieterseitige make-or-buy Entscheidungen „[…] highly complex and one of the most difficult tasks faced by organisations."[210] Demnach muss in der Spezifizierungsphase zunächst die Kooperation mit externen Wertschöpfungspartnern geprüft und anschließend umgesetzt werden. Damit einher geht eine gezielte Gegenüberstellung des gesammelten Potenzials aus der F&E und den konkreten Kundenanforderungen, mit dem Ziel diesbezüglich mögliche Inkompatibilitäten oder Schwachpunkte aufzudecken. Fehlende Kompetenzen, die sich im Rahmen der Spezifizierung ergeben, müssen durch Fremdbezug von Wertschöpfungspartnern übernommen werden.[211] Je spezifischer die Kundenanforderungen, umso höher der Individualisierungsgrad und umso intensiver die gegenwärtige Interaktionsbeziehung zwischen Anbieter und Kunde.[212] Neben den

---

[205] Vgl. *Schröder*, Regina W. et al. (2007), S. 302f.; Für eine detaillierte Übersicht bezüglich verschiedener Studien zum Innovationsprozess bei Dienstleistungen, vgl. *Bouncken*, Ricarda B. / *Golze*, Andreas (2007), S. 382f.

[206] Vgl. *Sethi*, Rajesh / *Nicholson*, Carolyn Y. (2001), S. 154ff.

[207] Vgl. *Hipp*, Christiane / *Grupp*, Hariolf (2005), S. 518f.; vgl. *Fließ*, Sabine (2009), S. 33.

[208] Vgl. *Tuli*, Kapil R. et al. (2007), S. 11.

[209] Vgl. *Fließ*, Sabine (2009), S. 11.

[210] *McIvor*, Ronan T. / *Humphreys*, Paul K. (2000), S. 296.

[211] Vgl. *Vachon*, Stephan / *Klassen*, Robert D. (2007), S. 402f.; vgl. *Blecker*, Thorsten / *Liebhart*, Ursula (2006), S. 4f.

[212] Vgl. Kapitel 2.1.3.

erforderlichen Infrastrukturen, ist vor allem dem Aufbau von allgemeinem und spezifischem Know-how sowie von Zusatzqualifikationen im Umgang mit Kunden, den höchsten Stellenwert zuzuschreiben.[213]

Insbesondere bei der Konfiguration kundenspezifischer Komplettlösungen werden interne Schulungsmaßnahmen für Mitarbeiter dringend erforderlich. Die Mitarbeiter befinden sich letzten Endes mit den jeweiligen Kunden, zur näheren Spezifizierung der geforderten Leistung, in einer konkreten Interaktionsbeziehung und müssen dabei klare Verantwortungsbereiche sowie Qualifikationen vertreten.[214] Interne Workshops und Weiterbildungsmaßnahmen werden somit unabdinglich zum Aufbau der benötigten Qualifikationen beim Humankapital, welches ferner als „[…] a unit's composition of employees' knowledge, skills, and abilities (KSAs) […]"[215] definiert wird.[216] Ein wesentlicher Punkt ist die Kombination aus bereichsübergreifendem und bereichsspezifischem Humankapital, da nur so ein cross-funktionaler Kommunikationsfluss zwischen allen Wertschöpfungsstufen ermöglicht werden kann.[217] Diese Notwendigkeit geht auch aus den Befunden der Studie von *Tuli et al.* (2007) hervor.[218] Neben der Interaktionsfähigkeit müssen Mitarbeiter auch dazu beitragen den Kunden zur aktiven Beteiligung aufzufordern, da der Kundeninput in der Spezifizierungsphase über die Intensität und Ausprägung der gesamten Leistungsbereitschaft entscheidet.[219] Die zweite Stufe fokussiert demzufolge die bereichsübergreifende sowie -spezifische Schulung des verfügbaren Humankapitals, als unausweichliche Herausforderung für Unternehmen. Sowohl fachliche als auch soziale Qualifikationen müssen demnach so früh wie möglich erlernt und speziell für die erforderliche Integration und Interaktion verinnerlicht werden.[220] Insgesamt fallen dabei erheblichen Kosten bei der Umsetzung an und kann zudem mit einigen Risiken einhergehen, die in der Spezifizierungsphase berücksichtigt und mit einkalkuliert werden müssen.[221]

---

[213] Vgl. **Hipp**, Christiane / **Grupp**, Hariolf (2005), S. 518f.

[214] Vgl. **Quinn**, James B. et al. (1996), S. 72ff.

[215] **Ployhart**, Robert E. et al. (2011), S. 353.

[216] Vgl. **Ployhart**, Robert E. et al. (2011), S. 353.

[217] Die Autoren unterscheiden zwischen generic-human capital und unit-specific human capital. Die zentrale Erkenntnis beruht darauf, dass bereichsspezifisches Humankapital nur dann sinnvoll ist, wenn auch allgemeines Humankapital zur Koordination vorhanden ist, da dieses eine cross-funktionale Verknüpfung sämtlicher Fähigkeiten gewährleistet, vgl. **Ployhart**, Robert E. et al. (2011), S. 365f.; vgl. Kapitel 3.2.1.

[218] Vgl. **Tuli**, Kapil R. et al. (2007), S. 10f.

[219] Vgl. **Tuli**, Kapil R. et al. (2007), S. 10f.; vgl. **Ployhart**, Robert E. et al. (2011), S. 353f.

[220] Vgl. **Quinn**, James B. et al. (1996), S. 75f.

[221] Vgl. **Enkel**, Ellen et al. (2005), S. 203f.

3.2.3 Integrativer Leistungserstellungsprozess

Nachdem sämtliche Aktivitäten der Spezifizierungsphase abgeschlossen sind, beginnt im Rahmen der Leistungserstellung die Realisierungsphase.[222] In der dritten Stufe wird, die zuvor definierte Leistungsbereitschaft für einen konkreten LEP zur Verfügung gestellt. Die unverzichtbare Mitwirkung des Kunden impliziert daraufhin ein LEP, bei dem die internen Unternehmensfaktoren mit den externen Kundenfaktoren kombiniert werden.[223] Demzufolge liegt ein integrativer Leistungserstellungsprozess vor, welcher aufgrund der Integration mehr oder weniger starke Interaktionsbeziehungen voraussetzt.[224] Der Kunde nimmt bekanntlich eine zentrale Rolle bei der Erstellung von Dienstleistungen ein und kann allgemein durch die bedingte Integrativität auch noch als „Prosumer"[225] angesehen werden.[226] Allgemein können verschiedene externe Faktoren integriert werden, die wiederum einen mehr oder weniger starken Integrationsgrad implizieren.[227]

Ein zentrales Merkmal für den hier beschriebenen integrativen LEP, stellt die Verknüpfung zwischen dem Leistungspotenzial und der Leistungsbereitschaft dar. Während der Leistungserstellung, können die vorher definierten Kundenanforderungen regelmäßig überprüft werden, so dass zusätzlich die Möglichkeit für eine bedarfsorientierte Anpassung individueller Kundenbedürfnisse gegeben ist. Nur mit Hilfe der geleisteten Aktivitäten in den vorherigen Wertschöpfungsstufen und der Schaffung von Cross-Funktionalität durch die zuvor erläuterten Maßnahmen, kann der LEP in dessen Realisationsphase, kundenspezifisch angepasst werden.[228] Demnach erlaubt die humankapitalintensive, interaktive und vor allem kundenorientierte Ausrichtung der internen Lieferkette im Zuge des integrativen LEP, wichtige Rückschlüsse auf die zuvor definierte Leistungsbereitschaft und ermöglicht somit eine fortlaufende Analyse der Kundenzufriedenheit in der Realisierungsphase.[229]

---

[222] Vgl. **Fließ**, Sabine (2009), S. 12.
[223] Vgl. **Engelhardt**, Werner H. et al. (1993), S. 403.
[224] Vgl. Kapitel 2.1.3.
[225] **Toffler**, Alvin (1980), S. 272ff.; Der Kunde ist einerseits consumer und anderseits producer, so dass eine Verschmelzung von Konsumtions- und Produktionsphase vorliegt, vgl. **Toffler**, Alvin (1980), S. 272ff.
[226] Vgl. Kapitel 2.1.2.
[227] Vgl. Kapitel 2.1.2 und Kapitel 2.1.3 für eine ausführliche Übersicht zu den verschiedenen Ausprägungen und Eigenschaften externer Faktoren im integrativen LEP.
[228] Vgl. **Hipp**, Christiane / **Grupp**, Hariolf (2005), S. 519ff.; vgl. Kapitel 3.2.1 und Kapitel 3.2.2.
[229] Vgl. **Meffert**, Heribert / **Bruhn**, Manfred (2009), S. 42.

Die Handhabung spontaner Änderungswünsche bestimmter Kunden im integrativen LEP, konnte auch in der Studie von *Tuli et al.* (2007) untersucht werden. Aus den Ergebnissen der Befragung geht hervor, dass hinsichtlich der Anpassung von Kundenbedürfnissen in der Realisationsphase, klar strukturierte Managementmechanismen benötigt werden. Daraufhin können spontane Änderungswünsche in der zuvor erstellten Leistungskonfiguration problemlos durchführen werden.[230] Präzision und Schnelligkeit sind erlernte Mechanismen, die im Unternehmen mit Hilfe ausführlicher Testphasen zuvor erprobt werden müssen. Auf diese Weise können wertvolle Mechanismen und Verfahren im Rahmen des integrativen LEP gefestigt werden.[231] Ein weiterer Punkt stellt die systematische Auseinandersetzung mit dem Integrationsprozess der jeweiligen Kunden dar. Die in der Realisationsphase aktivierte Leistungsbereitschaft des Anbieters wird mit den externen Faktoren der Kunden kombiniert, wobei sich der Kunde physisch, intellektuell und emotional im LEP beteiligen kann.[232] Hinzu kommt die Integrationsform, welche sich durch den persönlichen Kontakt vor Ort oder außerhalb des Unternehmens äußern kann.[233] Die extern eingebrachten Faktoren der Kunden können im Laufe des integrativen LEP verändert, unverändert oder aktiv mit eingebunden werden.[234]

In einem letzten Punkt muss in der Realisationsphase auch ein bestimmtes Kundenerlebnis gewährleistet sein, das sich im Rahmen von Zusatzleistungen in der Leistungserstellung zu Gunsten des jeweiligen Kunden entfalten soll.[235] Innerhalb der Customer Experience können mehrere Kunden bei der Konsumtion von Dienstleistungen aufeinandertreffen und während dem integrativen LEP in einem sozialen Umfeld interagieren.[236] Daraus resultiert die Notwendigkeit einer bestimmten Integrationskompetenz beim Anbieter, die sich allgemein aus der Gestaltungs-, Steuerungs- und Kommunikationskompetenz zusammensetzt.[237]

---

[230] Vgl. *Tuli*, Kapil R. et al. (2007), S. 7.

[231] Vgl. *Tuli*, Kapil R. et al. (2007), S. 8f.

[232] Vgl. *Büttgen*, Marion (2007), S. 17f.; Der Kunde kann aber auch durch Fähigkeits- und Willensbarrieren im Integrationsprozess aufgehalten werden, da ein Kunde auch Schwierigkeiten zur korrekten Deutung der Problemevidenz haben kann und somit nicht effizient mitarbeiten kann, vgl. *Malicha*, Regina (2005), S. 176.

[233] Vgl. *Büttgen*, Marion (2007), S. 18f.; vgl. *Bruhn*, Manfred / *Stauss*, Bernd (2009), S. 13.

[234] Vgl. *Fließ*, Sabine (2009), S. 24.; vgl. *Maleri*, Rudolf / *Frietzsche*, Ursula (2008), S. 128.

[235] Customer Experience umfasst alle kundenorientierte Aktivitäten im Rahmen der Interaktionsbeziehung zwischen Anbieter und Kunde im integrativen LEP, vgl. *Meyer*, Christopher / *Schwager*, Andre (2007), S. 117f.; Eine praxisnahe Beschreibung zu customer experience, liefert die aktuellste „Executive Strategy Series" von *Oracle Corporation*, vgl. *Oracle Corporation* (2012), S. 4ff.

[236] Vgl. *Gentile*, Chiara et al. (2007), S. 398.

[237] Vgl. *Jacob*, Frank (2003), S. 83f.; vgl. *Jacob*, Frank (2006), S. 45f.

3.2.4 Nachkontaktphase

Im klassischen Dienstleistungsbereich endet die Interaktionsbeziehung zwischen den beiden Transaktionspartnern mit dem integrativen Leistungserstellungsprozess und mündet in einem konkreten Leistungsergebnis.[238] Die Integration des externen Faktors wird nach Beendigung der Leistungserstellung nicht mehr benötigt. Nach dem integrativen LEP wäre somit der Phasenverlauf im Dienstleistungsbereich beendet.[239] Doch im Rahmen kundenspezifischer Komplettlösungen, ergeben sich unmittelbar nach dem integrativen LEP, viele Potenziale hinsichtlich der letzten Stufe der internen Lieferkette. Der Phasenverlauf ist demnach nicht endgültig abgeschlossen, sondern endet erst in der Nachkontaktphase. Diese letzte Phase umfasst insbesondere persönliche Feedbackgespräche mit dem Kunden und fokussiert das aus dem integrativen LEP resultierende Leistungsergebnis.[240] Damit einher geht die spezifische Intention eine langfristige Kommunikationsbasis zum Kunden aufzubauen und darüber hinaus mögliche Bindungspotenziale zum jeweiligen Kunden nutzen zu können.[241] Allgemein eröffnen sich durch die jeweilige Interaktionsbeziehung zwischen Anbieter und Kunde, die Möglichkeit zur Beurteilung der Interaktionsqualität sowie der kundenspezifischen Betreuung im Phasenverlauf. Demzufolge liegt das primäre Ziel der letzten Stufe in der Evaluation von Customer Experience sowie in der rückblickenden Analyse der verschiedenen Integrationspunkte eines cross-funktionalen Phasenverlaufs.[242] Der Anbieter ist demnach bestrebt in der Nachkontaktphase, hilfreiches Kundenfeedback über den kompletten Phasenverlauf zu sammeln und aus diesem Feedback nützliche Informationen für zukünftige Aufträge speichern zu können. Damit einher gehen ein erhöhter Erfahrungsschatz und wichtige Verbesserungspotenziale, die für jede einzelne Wertschöpfungsstufe geprüft und überarbeitet werden können. Allgemein sind Verbesserungsvorschläge von Kunden als wertvoll zu erachten und müssen somit einer Machbarkeitsanalyse, zur konkreten Umsetzung im Unternehmen, unterzogen werden.[243] Des Weiteren muss der Anbieter in der Nachkontaktphase sicherstellen, dass der Kunde einen positiven Eindruck im Phasenverlauf verinnerlicht hat, da dies wiederum positive Auswirkungen

---

[238] Vgl. **Corsten**, Hans / **Gössinger**, Ralph (2007), S. 22f.
[239] Vgl. **Fließ**, Sabine (2009), S. 12f.
[240] Vgl. **Bruhn**, Manfred / **Stauss**, Bernd (2009), S. 21.
[241] Vgl. **Bruhn**, Manfred/ **Stauss**, Bernd (2009), S. 21f.
[242] Für eine fundierte Studie zur Messung von Customer Experience, vgl. **Klaus**, Philipp / **Maklan**, Stan (2013), S. 227.
[243] Vgl. **Schröder**, Regina W. et al. (2007), S. 302ff.; vgl. **Reichwald**, Ralf / **Piller**, Frank T. (2009), S. 286f.

auf die Empfehlungsrate haben kann. Negative Mundpropaganda hat tendenziell verheerende Auswirkungen auf das Unternehmensimage und muss folglich mit einem zufriedenstellenden Leistungsergebnis verhindert werden.[244] Neben dem Feedbackgespräch, das wichtige Rückkopplungen auf die vorgelagerten Wertschöpfungsstufen erlaubt, stellen insbesondere bei kundenspezifischen Komplettlösungen, die Supportaktivitäten einen wichtigen Stellenwert für die Nachkontaktphase dar.[245] Die Supportaktivitäten sind überwiegend durch einen serviceorientierten Charakter geprägt und umfassen beispielsweise Garantien oder die Sicherstellung schneller Reaktionszeiten bei Reparaturleistungen.[246]

Die Ergebnisse der Studie von *Tuli et al.* (2007) heben die Notwendigkeit von Supportaktivitäten hervor, da gerade kundenspezifische Komplettlösungen, wichtige Zusatzleistungen beim Kunden erfordern.[247] Ein weiterer zentraler Befund dieser Studie ist, dass Anbieter im Gegensatz zum Kunden weniger den beziehungsorientierten Prozess in einer Gesamtlösung sehen, weshalb meistens in der Nachkontaktphase, wichtige Supportmaßnahmen vernachlässigt werden.[248] Die Studie unterliegt aber trotz allen Befunden einigen Restriktionen wie beispielsweise die Tatsache, dass die Autoren ihre Studie eher als ein theoretisches Konstrukt sehen. Des Weiteren besteht Forschungsbedarf in der Entwicklung konkreter Verfahren zur Messung verschiedener Variablen über das Anbieter- und Kundenverhalten.[249]

3.3 Integrativer Leistungserstellungsprozess

Die interne Lieferkette im Dienstleistungsbereich konnte detailliert aufgezeigt und mit Hilfe der einzelnen Stufen eingehend erläutert werden. Ein wichtiger Punkt ist die Verschmelzung der einzelnen Wertschöpfungsstufen, die sich in der Sicherstellung von Cross-Funktionalität widerspiegelt. Neben der bereits diskutierten unmöglichen Trennung von Sach- und Dienstleistungen, wird die Forderung nach einer ganzheitlich integrierten und interaktiven Sichtweise zusätzlich gestärkt.[250]

---

[244] Word-of-Mouth kann in der Folge auch zu einem Wechsel des Serviceanbieters führen, vgl. **Wangenheim**, Florian V. / **Bayón**, Tomás (2004), S. 1173.; vgl. **Spath**, Dieter / **Demuß**, Lutz (2006), S. 464ff.
[245] Vgl. **Bienzeisler**, Bernd / **Ganz**, Walter (2010), S. 11f.
[246] Vgl. **Kuo**, Tsai C. / **Wang**, Miao L. (2012), S. 6692f.
[247] Vgl. **Tuli**, Kapil et al. (2007), S. 9ff.
[248] Vgl. **Tuli**, Kapil et al. (2007), S. 13f.
[249] Vgl. **Tuli**, Kapil et al. (2007), S. 14.
[250] Vgl. **BDI** (2011), S. 19.

Ein weiterer Punkt stellt den Wandel zum Lösungsanbieter dar, welcher in diesem Zusammenhang vermuten lässt, dass Anbieter aus dem Konsumgüterbereich zunehmend auch die Aktivitäten eines Dienstleistungsanbieters verinnerlichen müssen. Auf diese Weise resultiert eine mögliche Zusammenführung von B2B und B2C.[251] Im Rahmen dieses Kapitels soll die bisherige Sichtweise im integrativen LEP erweitert und dabei vor allem die Bildung von Wertschöpfungsnetzwerken zur Erstellung kundenspezifischer Komplettlösungen sowie der Unsicherheitsaspekt ausführlich erläutert werden.

3.3.1 Wertschöpfungsnetzwerke

Die Erstellung kundenspezifischer Komplettlösungen, erfordert wie bereits mit Hilfe der internen Lieferkette ausführlich dargestellt, die Sicherstellung von Cross-Funktionalität zwischen den einzelnen Wertschöpfungsstufen sowie der Aufbau bereichsübergreifend funktionierender Teams, zur Koordination der gesamten Unternehmensaktivitäten.[252]

Damit einher, geht eine Mobilisierung der verfügbaren Kompetenzen sowie eine detaillierte Machbarkeitsanalyse hinsichtlich der Erstellung kundenspezifischer Komplettlösungen.[253] Die Kundenbedürfnisse sind mittlerweile eher darauf ausgerichtet, hybride Leistungen aus einer Hand zu bekommen.[254] Dies hat zur Folge, dass Unternehmensanbieter auf spezialisierte Kooperationspartner angewiesen sind, da kundenspezifische Komplettlösungen durch die hohe Komplexität nicht mehr intern zu meistern sind.[255] Fehlende Kompetenzen bei Teilleistungen sind wichtige Auslöser zur Entstehung diverser Kooperationspartnerschaften.[256] In der Folge, entsteht ein mehrstufiges Wertschöpfungsnetzwerk bestehend aus mehreren B2B-Akteuren, die gemeinsam zur Erstellung einer kundenspezifischen Komplettlösung, zielgerichtete Aktivitäten durchführen.[257] Die Übertragung fehlender Kompetenzen auf externe Wertschöpfungspartner durch Fremdbezug ist aber auch mit einigen Risiken und mit hohem Koordinationsaufwand verbunden. Ein Wertschöpfungsnetzwerk ist demnach „[…] a complicated

---

[251] Vgl. **He**, Yuanqiong / **Lai**, Kin Keung (2012), S. 791f.; vgl. **Brettreich-Teichmann**, Werner / **Freitag**, Mike (2010), S. 112.

[252] Vgl. **Sharma**, Arun et al. (2008), S. 287f.; vgl. **Storbacka**, Kaj et al. (2011), S. 35f.

[253] Vgl. **Storbacka**, Kaj et al. (2011), S. 39.; vgl. **Kaltwasser**, Christina / **Bienzeisler**, Bernd (2010), S. 84.

[254] Vgl. **Brettreich-Teichmann**, Werner / **Freitag**, Mike (2010), S. 112.

[255] Vgl. **Zahn**, Erich / **Stanik**, Martin (2006), S. 302f.

[256] Vgl. **Miller**, Danny et al. (2002), S. 8.

[257] Vgl. **Lamming**, Richard et al. (2000), S. 676.; der Unternehmensanbieter wird in diesem Zusammenhang als focal firm bezeichnet, da von diesem konkreten Anbieter die Erstellung einer kundenspezifischen Komplettlösung ausgeht und externe Partner als Wertschöpfungspartner von diesem Anbieter hinzugezogen werden, vgl. **Chang**, Cheng-Wen et al. (2012), S. 1115.

network structure, and each specific relationship within this structure has a unique context."[258] Aus diesem Grund ist ein Wertschöpfungsnetzwerk als sehr komplex anzusehen, weshalb diesbezüglich ein solides Komplexitätsmanagement eingeführt und gesteuert werden muss.[259] Ein zentrales Merkmal kundenspezifischer Komplettlösungen, ist die Gewährleistung der Kompatibilität der einzelnen Teilleistungen. Die korrekte Abstimmung der Teilkomponenten hat folglich einen erheblichen Einfluss auf die Funktionsweise der Komplettlösung.[260] Demnach muss die untereinander verknüpfende Funktionalität der verschiedenen Teilleistungen im LEP ständig überprüft und mögliche Anpassungen jederzeit durchgeführt werden können. Dazu müssen die verantwortlichen Wertschöpfungspartner in wiederholter Absprache zueinander stehen.[261] Insgesamt muss sichergestellt werden, dass die verschiedenen Lebenszyklen der einzelnen Teilleistungen aufeinander abgestimmt sind.[262] Im Falle unterschiedlicher Lebenszyklusgarantien bestimmter Module, können diese Teilleistungen langfristig gesehen dazu beitragen, dass der Kunde eine defekte kundenspezifische Komplettlösung erhält.[263] Daraus wird wiederum ersichtlich, dass auch bei der Erstellung kundenspezifischer Komplettlösungen, eine cross-funktionale Kompatibilität gewährleistet sein muss. Neben der Kompatibilitätsüberprüfung und der Koordination von Lebenszyklusentscheidungen, können im Rahmen der Interaktion mit den Wertschöpfungspartnern durchaus Meinungsverschiedenheiten auftreten, die in bestimmten Konfliktsituationen bewältigt werden müssen.[264] Demzufolge muss der Unternehmensanbieter in der Rolle als focal firm, neben der geforderten Interaktionskompetenz auch Konfliktmanagement betreiben können.[265] Gegenseitiges Vertrauen stellt eine wichtige Voraussetzung für eine solide und erfolgreiche Zusammenarbeit dar und muss deshalb in jedem Wertschöpfungsnetzwerk sichergestellt werden.[266] Des Weiteren kann nur durch verantwortungsvolle Führung und der Sicherstellung von Transparenz im Wertschöpfungsnetzwerk, eine positive Beziehungsqualität zwischen den Wertschöpfungspartnern erzielt

---

[258] *Chang*, Cheng-Wen et al. (2012), S. 1114.

[259] Vgl. *Chang*, Cheng-Wen et al. (2012), S. 1116f.; Im Rahmen einer PwC-Studie von *Ahlert et al.* (2011) konnte der gesamte Prozess einer komplexen praxisorientierten Netzwerkführung von der Analysephase bis hin zur Kontrollphase aufgezeigt und erläutert werden, vgl. *Ahlert*, Dieter et al. (2011), S. 73ff.

[260] Vgl. *Davies*, Andrew et al. (2006), S. 40f.

[261] Vgl. *Bienzeisler*, Bernd / *Ganz*, Walter (2010), S. 11f.; vgl. *Davies*, Andrew et al. (2006), S. 41f.

[262] Vgl. *Galbraith*, Jay R. (2002), S. 196f.

[263] Vgl. *Böhmann*, Tilo / *Krcmar*, Helmut (2007), S. 241f.

[264] Vgl. *Ntayi*, Joseph M. (2012), S. 25f.

[265] Vgl. *Palsule-Desai*, Omkar D. et al. (2013), S. 179f.

[266] Vgl. *Henry Xie*, Yu et al. (2010), S. 862f.;

und damit nachhaltiger Erfolg sichergestellt werden.[267] Insgesamt ermöglicht ein Wertschöpfungsnetzwerk die Fähigkeit, sich mit Hilfe der verschiedenen Kompetenzen von Wertschöpfungspartnern, gemäß den veränderten Marktanforderungen anzupassen und somit flexibel zu bleiben.[268] Die erhöhte Anpassungsfähigkeit wird insbesondere durch die Bündelung spezifischer Kernkompetenzen und komplementärer Ressourcen ermöglicht, wobei nur durch gemeinsames Lernen im Wertschöpfungsnetzwerk eine erhöhte Flexibilität erzielt werden kann.[269] Doch nicht alle Wertschöpfungspartner können die geforderten Kompetenzen so einbringen wie gewünscht, weshalb die geforderten Kompetenzen in den jeweiligen Bereichen sorgfältig geprüft werden müssen.[270] Erst nachdem sich der jeweilige Kooperationspartner als fähig erwiesen hat, kann die Zusammenarbeit im Wertschöpfungsnetzwerk zur Erstellung der kundenspezifischen Komplettlösung beginnen. Die Zeitdauer einer solchen Kooperation kann je nachdem über mehrere Etappen hinweg auch langfristig ausgelegt sein.[271] Trotz der individuellen Ausrichtung kundenspezifischer Komplettlösungen, sollten aus langfristiger Sicht, wichtige Potenziale zur Standardisierung genutzt werden. Demnach könnten bestimmte Teilleistungen eines Wertschöpfungspartners langfristig im Unternehmen eingebunden und somit intern als teilstandardisierte Leistung für zukünftige Aufträge zu Gunsten mehrerer Kunden langfristig eingesetzt werden.[272]

Ein weiterer Punkt im Rahmen von Wertschöpfungsnetzwerken ist das Zusammentreffen von Produzenten, Dienstleister, Händler und Konsumenten.[273] Die eingebrachte Teilleistung eines Wertschöpfungspartners, zur Fertigung der Komplettlösung, wird allgemein als B2B-Beziehung angesehen. Die kundenspezifische Komplettlösung wird letzten Endes für einen konkreten Endkunden zur Verfügung gestellt, der sowohl Unternehmenskunde (B2B) als auch Konsument (B2C) sein kann.[274] Demnach spielt

---

[267] Die PwC-Studie von *Ahlert et al.* (2011), hat genau diese Thematik untersucht. Die Ergebnisse untermauern die Notwendigkeit von Vertrauen und Transparenz zur Erzielung nachhaltigem Erfolg in Wertschöpfungsnetzwerken sowie eine verantwortungsvolle Führung der focal firm, vgl. **Ahlert**, Dieter et al. (2011), S. 14f.

[268] Vgl. **Zahn**, Erich / **Stanik**, Martin (2006), S. 303.

[269] Vgl. **Chang**, Cheng-Wen et al. (2012), S. 1119f.; vgl. **Ahlert**, Dieter et al. (2011), S. 14f.

[270] Vgl. **Tiwari**, Anurag et al. (2012), S. 5431f.

[271] Vgl. **Pisano**, Gary P. / **Verganti**, Roberto (2008), S. 78f.

[272] Vgl. **Tuli**, Kapil et al. (2007), S. 11f.; In diesem Zusammenhang rückt wiederum das Potenzial von Mass Customization in den Vordergrund, vgl. Kapitel 3.1.

[273] Vgl. **Vahdani**, Benam et al. (2011), S. 2035f.

[274] Vgl. **Weiber**, Rolf / **Kleinaltenkamp**, Michael (2012), S. 100f.

der Endkunde, mit seinen konkreten Anforderungen für alle Beteiligten im Wertschöpfungsnetzwerk, eine herausragende Rolle.[275]

Daraus resultiert die Notwendigkeit mit dem jeweiligen Endkunden zu kommunizieren, da dieser letzten Endes die produzierte Leistung in Anspruch nehmen soll.[276] Eine zu ungenaue Beschreibung der Kundenbedürfnisse, kann negative Auswirkungen auf die produzierte Teilleistung des jeweiligen Wertschöpfungspartners haben. Ein Wertschöpfungspartner kann demnach, die von der focal firm kommunizierten Kundenanforderungen, falsch interpretieren und somit schwerwiegende Folgen für die kundenadäquate Erstellung der jeweiligen Teilleistung haben.[277] Insgesamt kann festgehalten werden, dass die Aktivitäten in Wertschöpfungsnetzwerken mit schwierigen Herausforderungen einher gehen und somit einige Methoden und Instrumente zur Reduzierung von Komplexität erforderlich machen. In diesem Zusammenhang ist das Blueprinting als Instrument des Qualitätsmanagements besonders gut geeignet und erweist sich insbesondere bei der Identifizierung von Leistungsmängeln sowie zur Schaffung von Transparenz als vorteilhaft.[278] In Bezug auf die unterschiedlichen Aktivitäten der Wertschöpfungspartner, erlaubt der Blueprint eine übersichtliche Analyse des gesamten integrativen LEP im Rahmen von Wertschöpfungsnetzwerken.[279] Auf diese Weise können mögliche Informationsverluste vermieden und sämtliche Integrations- und Interaktionsprozesse im Rahmen der Erstellung kundenspezifischer Komplettlösungen strukturiert dargestellt werden, weshalb diese Methode wesentlich zur Komplexitätsreduktion beitragen kann.[280]

---

[275] Vgl. *Anderson*, James C. / *Wouters*, Marc (2013), S. 75.

[276] Vgl. *Pisano*, Gary P. / *Verganti*, Roberto (2008), S. 78ff.; vgl. *Anderson*, James C. / *Wouters*, Marc (2013), S. 79.

[277] Der Endkunde muss zur Schaffung eines besseren Kommunikationsflusses in das Wertschöpfungsnetzwerk mit integriert werden, so dass alle Beteiligten einheitliche Informationen bekommen und somit in einer Kooperationsbeziehung zum jeweiligen Endkunden stehen, vgl. *Anderson*, James C. / *Wouters*, Marc (2013), S. 80ff. mit dem Verweis auf die "Guidelines for Supplier and Customer Cooperation", S. 81.

[278] Die Grundidee von Blueprinting geht auf die Publikation von *Shostack* (1984) zurück, vgl. *Shostack*, Lynn G. (1984), S. 134f.; Für eine detaillierte Weiterentwicklung zu einem Service-Blueprint mit einer ausführlichen Erläuterung der verschiedenen Linien im Blueprint, vgl. *Fließ*, Sabine / *Kleinaltenkamp*, Michael (2004), S. 396ff.

[279] Vgl. *Shostack*, Lynn G. (1984), S. 136.; *Shahin* (2010) hat eine interessante Studie zum Service-Blueprint durchgeführt. Die Studie zeigt den erfolgreichen Ansatz von Service-Blueprinting als Instrument zur Visualisierung sämtlicher Prozesse eines vier Sterne Hotels in einem Wertschöpfungsnetzwerk, vgl. *Shahin*, Arash (2010), S. 8ff.

[280] Vgl. *Shostack*, Lynn G. (1984), S. 135f.; vgl. *Fließ*, Sabine / *Kleinaltenkamp*, Michael (2004), S. 397.

3.3.2 Unsicherheitsaspekt

Ein wesentlicher Punkt stellt die zugrundeliegende Unsicherheitssituation in der Interaktionsbeziehung zwischen Transaktionspartnern dar, weshalb dieser Unsicherheitsaspekt in den folgenden Abschnitten ausführlich erläutert werden soll. Die Unsicherheit resultiert vor allem durch die Dominanz an Vertrauenseigenschaften als zentrales Merkmal kundenspezifischen Komplettlösungen und die daraus resultierende asymmetrische Informationsverteilung.[281] Aus diesem Grund soll der Unsicherheitsaspekt aus einer informationsökonomischen Sichtweise heraus analysiert werden. Dabei spielt die ex-post Informationsasymmetrie, die dadurch entsteht, dass der Nachfrager letzten Endes auf die Qualität der Ausführungstätigkeit des Anbieters vertrauen muss, eine wesentliche Rolle.[282] Die ex-post Informationsasymmetrie, liegt ausschließlich bei Vertrauenseigenschaften vor und wird in der Literatur auch noch als Moral Hazard bezeichnet.[283] Moral Hazard wird durch Handlungsunsicherheiten beim Anbieter hervorgerufen, der sein Leistungsversprechen nicht in der für den Nachfrager gewünschten Qualität einhalten kann. Der Nachfrager seinerseits kann diesen Mangel aber nicht nachweisen, da zu viele Faktoren, von denen der Nachfrager nicht eindeutig unterscheiden kann, eine Rolle spielen.[284]

Zur Vermeidung von Informationsasymmetrien, können verschiedene Maßnahmen zur Unsicherheitsreduktion eingeleitet und im Rahmen des integrativen LEP umgesetzt werden. Zu diesen Maßnahmen zählen insbesondere Informationsaktivitäten, die sich aus dem nachfragerseitigen Screening und anbieterseitigen Signaling zusammensetzen.[285] Ohne entsprechende Informationsaktivitäten am Markt, besteht die Gefahr von Marktversagen und impliziert somit eine Dominanz schlechter Qualitätsmerkmalen.[286] Im Rahmen von Vertrauenseigenschaften, hilft die reine Informationssuche des Nachfragers relativ wenig, da bei Leistungsversprechen die Leistungseigenschaften vor dem Kauf nicht existent sind und allgemein keine eindeutige Rückschlüsse auf die Beurtei-

---

[281] Vgl. *Zhou*, Jianheng et al. (2012), S. 482f.; vgl. Kapitel 2.2.2.

[282] Vgl. *Meffert*, Heribert / *Bruhn*, Manfred (2009), S. 43.

[283] Moral Hazard ist neben Hold up und Qualitätsunsicherheit eins von den drei Unsicherheitspositionen bei hybriden Produkten. Eine ausführliche Beschreibung der Unsicherheitspositionen kann aus der Publikation von *Adler* entnommen werden, vgl. *Adler*, Jost (1996), S. 64ff.

[284] Vgl. *Adler*, Jost (1996), S. 64.

[285] Screening umfasst allgemein die Informationsbeschaffung der schlechter informierten Marktseite und trifft überwiegend auf den Nachfrager zu. Demgegenüber umfasst das Signaling die Informationsübertragung durch das Senden von Signalen der besser informierten Marktseite und trifft überwiegend auf den Anbieter zu, vgl. *Kaas*, Klaus P. (1991), S. 357ff.

[286] Vgl. *Akerlof*, George A. (1970), S. 489ff.

lung der Qualität erlauben.[287] Daraufhin kann nur der besser informierte Anbieter mit Hilfe von Signaling-Aktivitäten, eine konkrete Unsicherheitsreduktion beim Nachfrager herbeiführen. Hierzu zählen universelle Leistungssignale, die der Nachfrager gezielt nutzen kann.[288] Solche Anbietersignale müssen aber in der Lage sein, beim Nachfrager auch den gewünschten Informationswert zu erzielen.[289] Das anbieterseitige Leistungssignal muss demnach verifizierbar sein und eine Prognostizierung über die Qualität einer konkreten Leistungseigenschaft erlauben.[290] Sind diese Eigenschaften nicht gegeben, tut sich der Nachfrager schwer das ausgesendete Anbietersignal auch als Information zu erkennen und kann somit nicht zu einer Reduktion der Unsicherheit beim Nachfrager beitragen.

Der Informationswert spielt demnach eine wichtige Rolle bei Leistungssignalen.[291]

Des Weiteren muss der Anbieter versuchen mit Hilfe von Signalen, sein ehrliches Vorhaben bereits vor dem Kauf, sprich bei der Leistungsspezifizierung, sicherzustellen und dadurch opportunistisches Verhalten gegenüber dem Nachfrager auszuschließen. Dies kann der Anbieter insbesondere durch Selbstbindungen in Form von Investitionen erreichen, die den Anbieter, bei Nichteinhaltung seiner Versprechen direkt belasten können.[292]

Im Rahmen des integrativen LEP können spezifische Kundeninvestitionen als Beweis für die Wichtigkeit der gegenwärtigen Interaktionsbeziehung getätigt und somit die Glaubwürdigkeit des Leistungsversprechens erhöht werden.[293] Darüber hinaus kann der Anbieter bestimmte Garantien für den jeweiligen Kunden aufstellen, die bei Vorliegen von opportunistischem Verhalten, einen finanziellen Schadensersatz vorsehen.[294]

Ein weiterer wichtiger Punkt, stellt die indirekte Belastung für den Anbieter dar, die sich universell bemerkbar machen kann.[295] Demnach können dem Anbieter bei Nichteinhaltung von Leistungsversprechen, erhebliche Imageverluste drohen, die langfristig

---

[287] Vgl. *Riley*, John (2001), S. 432f.
[288] Vgl. *Riley*, John (2001), S.432ff.
[289] Vgl. *Gierl*, Heribert / *Stich*, Armin (1999), S. 23.
[290] Vgl. *Gierl*, Heribert / *Stich*, Armin (1999), S. 23.
[291] Vgl. *Weiber*, Rolf / *Kleinaltenkamp*, Michael (2012), S. 140f.
[292] Vgl. *Spence*, Michael (1973), S. 355f.
[293] Die kundenspezifischen Investitionen weisen allgemein bestimmte Spezifitätsgrade auf, die wiederum beim Anbieter mit bestimmten sunk costs einher gehen, da die getätigten Investitionen folglich nur beim jeweiligen Kunden Verwendung finden, vgl. Kapitel 2.2.1 und Kapitel 2.2.2.
[294] Vgl. *Grossman*, Sanford (1981), S. 461ff.
[295] Vgl. *Spremann*, Klaus (1988), S. 620f.

dem Unternehmen schaden und darüber hinaus negative Empfehlungsraten implizieren.[296]

Insgesamt kann der Anbieter durch spezifische Selbstbindung beim Kunden zusätzliches Vertrauen schaffen und parallel dazu einen Beitrag zur Unsicherheitsreduktion leisten. Abschließend stellt das sogenannte Quality Signaling eine weitere Möglichkeit dar, die Unsicherheit beim Nachfrager zu reduzieren. Hierzu zählen vor allem Zertifizierungen in Form von Gütesiegeln für bestimmte Leistungseigenschaften.[297]

Nichtsdestotrotz kann auch der Anbieter schlechter informiert sein und muss versuchen, vorhandene Unsicherheiten zu reduzieren. Dabei kann der Nachfrager wichtige Signale aussenden, da besonders bei kundenspezifischen Komplettlösungen, der Anbieter auf die spezifischen Kundenanforderungen angewiesen ist und des Weiteren auf eine aktive Mitwirkung zählen muss. In diesem Fall sind vor allem Lead-User, die durch Signaling-Aktivitäten, anbieterseitige Unsicherheiten reduzieren können.[298]

Andererseits kann der Anbieter mit Hilfe von Screening-Aktivitäten, wichtige Informationen bei der Konkurrenz einholen.

3.4 Nutzenstiftung und Handlungsempfehlungen

Nachdem die interaktive Wertschöpfung mit Hilfe der internen Lieferkette aus Sicht des Anbieters detailliert aufgezeigt werden konnte, folgen in diesem letzten Unterkapitel, eine detaillierte Auseinandersetzung mit dem Nutzen aller bisherigen Erläuterungen sowie der Versuch auf Basis der Nutzen stiftenden Merkmale, mögliche Handlungsempfehlungen aufzustellen. Insgesamt kann zwischen finanziellem Nutzen aus ökonomischer Sicht und persönlichem Nutzen aus psychologischer Sicht unterschieden werden.[299] Der Nutzen kann sich darüber hinaus auf allen Ebenen und Stufen der internen Lieferkette entfalten. Angefangen beim Nachfrager, spielt insbesondere der persönliche Nutzen, im Rahmen der interaktiven Wertschöpfung, eine wesentliche Rolle und umfasst allgemein zwei wesentliche Nutzenkategorien. Gemeint sind einerseits der intrinsische Nutzen und andererseits der extrinsische Nutzen.[300] Extrinsischer Nutzen entfaltet sich beim Nachfrager durch den gewonnenen Mehrwert einer individuell gestalteten kundenspezifischen Komplettlösung. Ein Kunde teilt sein Wissen mit dem

---

[296] Vgl. **Spremann**, Klaus (1988), S. 620.
[297] Vgl. **Bruhn**, Manfred (2011), S. 280ff.
[298] Vgl. Kapitel 2.1.3.
[299] Vgl. **Büttgen**, Marion (2009), S. 70f.
[300] Vgl. **Holbrook**, Morris B. (1994), S. 39ff.

Unternehmen nur deshalb, weil er sich dadurch eine adäquate personifizierte Erfüllung unbefriedigter Bedürfnisse erhofft.[301] Des Weiteren geht der Kunde eine Interaktionsbeziehung nur dann ein, wenn der Nutzen die aufzubringenden Kosten übersteigt.[302] Intrinsischer Nutzen resultiert überwiegend aus dem Interaktionserlebnis mit dem Anbieter.[303] In diesem Zusammenhang sind, die Freude an der Tätigkeit selbst, die Erfüllung sozialer Normen sowie das Gefühl von Kreativität, zentrale Nutzen stiftende Merkmale, die wesentlich zur Steigerung des persönlichen Wohlbefindens beitragen können.[304]

Im Rahmen des integrativen LEP und der Customer Experience, sind vor allem psychologische Motive, die sich in Anwesenheit anderer Kunden bemerkbar machen können, ausschlaggebend. Hierzu zählt das Bestätigungsgefühl durch die Ausübung eigener Talente sowie die Erzielung persönlicher Erfolge im Rahmen kollektiver LEP. Daraus ergibt sich ein psychologischer Nutzen, der sich im persönlichen Selbstwertgefühl sowie dem Bedürfnis nach Kontakt niederschlägt.[305]

Insgesamt kann sowohl extrinsischer als auch intrinsischer Nutzen dazu beitragen, dass der Kunde zusätzlich motiviert ist, innerhalb von Unternehmensprozessen aktiv mitzuwirken. Zusammenfassend können solche nutzenstiftende Merkmale auch als Leistungsmotiv eines bestimmten Kunden angesehen werden.[306]

Ein weiterer Punkt betrifft den integrativen LEP. Die Mitwirkung des Kunden im integrativen LEP, impliziert eine gewisse Steigerung der Transparenz. Diese entsteht dadurch, dass der Kunde die Anbieteraktivitäten besser nachvollziehen und somit einen persönlichen Nutzen, durch die aus der erhöhten Transparenz resultierende Sicherheit, erzielen kann.[307]

---

[301] Vgl. ***Wikström***, Solveig (1996), S. 359f.; Darüber hinaus ist der Kunde stets danach bestrebt in der jeweiligen Interaktionsbeziehung, das bestmöglichste Ergebnis zu erzielen. In diesem Kontext ist der Nutzen qualitätsbezogen und spiegelt sich in einem bedarfsgerechteren Leistungsergebnis wieder, weshalb der Kunde diesbezüglich extrinsisch motiviert ist, im LEP aktiv mitzuwirken und wichtige Bedürfnisinformationen zu kommunizieren. Hinzu kommt ein kostenorientierter Nutzen, der durch erhoffte Preisnachlässe im Zuge der Kundenmitwirkung im integrativen LEP, zur Geltung kommen kann, vgl. ***Bitner***, Mary J. et al. (1997), S. 193ff.

[302] Vgl. ***Lengnick-Hall***, Cynthia A. et al. (2000), S. 360f.; Die aufzubringenden Kosten des Kunden sind als Aufopferungskosten im Sinne von Zeitaufwand zu verstehen (Opportunitätskosten), vgl. Kapitel 2.3.

[303] Das Interaktionserlebnis ist überwiegend durch die kundenseitige Übertragung von Bedürfnisinformationen an den Anbieter geprägt, vgl. Kapitel 2.3.

[304] Vgl. ***Lindenberg***, Siegwart (2001), S. 318f.; vgl. ***Lusch***, Robert F. et al. (1992), S. 130f.

[305] Vgl. ***Büttgen***, Marion (2007), S. 111ff.; vgl. ***Büttgen***, Marion (2009), S. 71.

[306] Vgl. ***Lengnick-Hall***, Cynthia A. (1996), S. 806.; Für eine ausführliche Beschreibung des hier beschriebenen Leistungsmotivs im Rahmen der Kundenintegration sowie zu den einzelnen Voraussetzung, vgl. ***Büttgen***, Marion (2009), S. 68f.

[307] Vgl. ***Dawes***, Jillian / ***Rowley***, Jennifer (1998), S. 351.

Der Unternehmensanbieter kann im Gegensatz zum Nachfrager, weitaus mehr Nutzen durch das Konzept der Kundenintegration erzielen und mögliche Wettbewerbsvorteile sichern.[308]

Ein Punkt stellt die Vermeidung von Fehlentwicklungen in der unternehmerischen Leistungsgestaltung dar.[309] Des Weiteren ermöglicht die Kundenintegration, langfristige Kundenbeziehungen aufzubauen und somit das Potenzial, wertvolle Stammkunden zu gewinnen.[310]

Hinzu kommen bestimmte Kostenreduktionspotenziale durch Open Innovation und der daraus entstehende Vorteil, die gewonnenen Ersparnisse für andere Zwecke einzusetzen.[311]

Darüber hinaus stellen anwendungsbezogenes Wissen und die Kenntnis der spezifischen Kundenwünsche, elementare nutzenstiftende Aspekte für den Anbieter dar.[312]

Die Absorptionsfähigkeit wird somit zu einer Nutzen stiftenden Kompetenz zur Qualitätssteigerung in der unternehmerischen Leistungsgestaltung.[313]

Ein weiterer Punkt betrifft die Nutzenstiftung im Rahmen von Wertschöpfungsnetzwerken.[314] Durch den Zusammenschluss mehrerer Wertschöpfungspartner lassen sich unterschiedliche Kompetenzen bündeln und spezifisches Wissen sammeln. Ein Nutzen stiftendes Merkmal liegt dabei in der Überwindung des Problems der lokalen Suche, das auf das Beharren bestehender unternehmensinterner Erfahrung und internem Wissen beruht.[315] Des Weiteren kann durch die Bündelung verschiedener Kompetenzen, eine kundenspezifische Komplettlösung aus unterschiedlichen Teilkomponenten erstellt werden. Daraus resultiert ein erhöhtes Potenzial zur Erzielung höherer Preisbereitschaften beim Kunden.[316] Eine zentrale Voraussetzung zur Erzielung höherer Preisbereit-

---

[308] Vgl. *Moeller*, Sabine (2008), S. 201f.

[309] Vgl. *Wiengarten*, Frank et al. (2010), S. 463.; Fehlentwicklungen werden umso geringer, je intensiver der Kunde in der Leistungsgestaltung mitwirkt und dabei die gewünschten Bedürfnisinformationen nachvollziehbar kommuniziert, vgl. *Wiengarten*, Frank et al. (2010), S. 465ff.

[310] Vgl. *Fynes*, Brian et al. (2005), S. 3303.; Erfahrungsgemäß sind die Akquisitionskosten von Neukunden Acht mal (8x) höher als die von Stammkunden, so dass konkrete Kundenbindungspotenziale ein gewinnbringenden Nutzen für Unternehmen darstellen kann, vgl. *Kotler*, Philip / *Bliemel*, Friedhelm (2001), S. 83ff.

[311] Vgl. *Sahin*, Funda / *Robinson*, Powell E. (2005), S. 579f.

[312] Vgl. *Veßhoff*, Julia / *Freiling*, Jörg (2009), S. 139.

[313] Vgl. *Prahalad*, Coimbatore / *Ramaswamy*, Venkatram (2000), S. 81ff.; vgl. Kapitel 3.1.

[314] Vgl. *Vachon*, Stephan et al. (2009), S. 322.; vgl. *Lawson*, Benn et al. (2009), S. 2649.

[315] Vgl. *Katila*, Riitta / *Ahuja*, Gautam (2002), S. 1183ff.

[316] Vgl. *Tuli*, Kapil R. et al. (2007), S. 12f.

schaften, ist die kundenbezogene Kommunikation des jeweiligen Mehrwerts der kundenspezifischen Komplettlösung.[317]

Insgesamt kann der Anbieter unterschiedlichen Nutzen durch die Kundenintegration im Rahmen der interaktiven Wertschöpfung erzielen. Das Forschungsfeld rund um eine integrative und interaktive Wertschöpfung sowie dessen Nutzenstiftung für Unternehmen ist folglich sehr groß.[318] Vor diesem Hintergrund ist festzuhalten, dass Unternehmen den größten Mehrwert im Rahmen einer kundenbezogenen interaktiven Wertschöpfungskonfiguration erzielen können. Ein wesentlicher Punkt stellen die resultierende Qualitätssteigerung sowie der deutliche Zuwachs an Effizienz in den einzelnen Wertschöpfungsstufen dar.[319]

Auf Basis der hier beschriebenen Nutzen stiftenden Merkmalen und der bisherigen Erläuterungen, können wichtige Handlungsempfehlungen abgeleitet werden. Eine zentrale Handlungsempfehlung ist der Aufbau von Integrations- und Interaktionskompetenz als wichtige Kernkompetenz zur erfolgreichen Planung und Steuerung der Kundenintegrationsprozesse. Die Integrationskompetenz umfasst die bereichsübergreifende Koordination integrationsförderlicher Infrastrukturen sowie die Gestaltung der zweckmäßigen Zusammenführung externer und interner Faktoren im integrativen LEP.[320] Daran anknüpfend umfasst die Interaktionskompetenz, alle erforderlichen Maßnahmen zur erfolgreichen Interaktion mit dem Kunden in den einzelnen Wertschöpfungsstufen.[321] Zu diesen Maßnahmen zählen die Weiterbildung der Mitarbeiter, der Aufbau von Absorptionsfähigkeit sowie das Erlernen sozialer Kompetenzen im individuellen Umgang mit dem Kunden.[322]

Neben der Integrations- und Interaktionskompetenz, muss im Rahmen der Bildung von Wertschöpfungsnetzwerken und der Erstellung kundenspezifischer Komplettlösungen, ein strukturiertes Komplexitätsmanagement eingeführt und beherrscht werden.[323] Maßnahmen zur Komplexitätsreduzierung wirken sich positiv auf die Koordination und

---

[317] Vgl. *Tuli*, Kapil R. et al. (2007), S. 13.

[318] Vgl. *van der Vaart*, Taco / *van Donk*, Dirk P. (2008), S. 42ff.; vgl. *Danese*, Pamela / *Romano*, Pietro (2011), S. 221ff.

[319] Vgl. *Fabbe-Costes*, Nathalie / *Jahre*, Marianne (2008), S. 130.; Die Global Supply Chain Survey hebt die resultierende Effizienzsteigerung in der gesamten Lieferkette besonders hervor, vgl. *PwC* (2012), S. 12f.; Die Kundenintegration impliziert für das Unternehmen allgemein eine Leistungssteigerung der Prozesseffizienz, vgl. *Flynn*, Barbara B. et al. (2010), S. 58.

[320] Vgl. *Jacob*, Frank (2003), S. 87f.

[321] Vgl. *Jacob*, Frank (2006), S. 48f.; vgl. *Reichwald*, Ralf / *Piller*, Frank T. (2009), S. 98.

[322] Die soziale Kompetenz umfasst in diesem Zusammenhang auch den Aufbau eines soliden Konfliktmanagements, vgl. *Jacob*, Frank (2006), S. 48f.

[323] Vgl. Kapitel 3.3.1.

den Kommunikationsfluss aus, so dass dadurch falsche Interpretationen bestimmter Informationen vermieden werden können.[324] In diesem Zusammenhang spielt die Sicherstellung von Cross-Funktionalität zwischen den einzelnen Wertschöpfungsstufen eine wesentliche Rolle.[325]

Des Weiteren können gezielte Maßnahmen zur Reduzierung von Unsicherheit, mehr Vertrauen beim Kunden implizieren und darüber hinaus transparentere sowie vertrauensbasierte Verhältnisse mit dem jeweiligen Kunden herstellen. Demnach müssen sich Unternehmen durch die Dominanz an Erfahrungs- und Vertrauenseigenschaften mit der Lösung verhaltensbasierter Unsicherheiten beim Nachfrager auseinandersetzen.[326]

Infolgedessen muss ein Unternehmen, zur Erzielung wesentlicher Effizienzsteigerungen in Unternehmensprozessen, wichtige Kompetenzen im Integrations- und Interaktionsansatz aufweisen sowie Maßnahmen zur Komplexitäts- und Unsicherheitsreduktion verinnerlichen. In diesem Zusammenhang gilt die Sicherstellung von Cross-Funktionalität als wichtige Voraussetzung. Insgesamt können diese Merkmale als wichtige Handlungsempfehlungen angesehen werden, da durch deren Verinnerlichung im Unternehmen, mögliche differenzierende Effekte gegenüber der Konkurrenz erzielt und die Wettbewerbsfähigkeit am Markt abgesichert werden kann.

---

[324] Vgl. *Miller*, Danny et al. (2002), S. 9ff.
[325] Vgl. Kapitel 3.3.1 und Kapitel 3.3.2.
[326] Vgl. Kapitel 3.3.2.

4 Web 3.0 als revolutionäre und virtuelle Wissensplattform

Im Rahmen kundenspezifischer Komplettlösungen, konnte erstmals ein Bezug zu den modernen Informations- und Kommunikationstechnologien hergestellt werden. Die integrierten Teilleistungen können demnach auch Hardware- und Softwarekomponenten aufweisen und erlauben allgemein, die Nutzung moderner Vernetzungsoptionen eines Web 3.0.[327]

Bezugnehmend auf den ganzheitlichen Ansatz dieser Arbeit, konnten in dem vorherigen Kapitel, die interaktive Wertschöpfung umfassend dargestellt und erläutert werden.[328]

Zur Vervollständigung des ganzheitlichen Ansatzes, umfasst dieses Kapitel allgemein die Potenziale und Bedeutung moderner Informations- und Kommunikationstechnologien sowie die aktuellen Vernetzungsoptionen im Web 3.0.[329]

4.1 Entwicklung des Internets im Zeitverlauf

Der Weg zum heutigen Internetzeitalter, hat einige wichtige Entwicklungsphasen durchlaufen, die nachfolgend kurz aufgezeigt und die Entwicklung bis zum Web 3.0 erläutert werden soll.

Der Ursprung und gleichzeitig Auslöser für den Beginn einer rasanten und dynamischen Internetentwicklung, stellt der mittlerweile weltbekannte *Proposal* von *Berners-Lee* aus dem Jahr 1989 dar.[330] In diesem Bericht wurde erstmals beschrieben, wie Informationen in Verbindung mit Hypertext über das Internet verbreitet werden können. Daran anknüpfend entwickelt *Berners-Lee* den ersten Web Browser als kreative Plattform zum Teilen und Editieren von Informationen. Der Begriff World Wide Web (W3) wird schließlich die offizielle Bezeichnung seiner Erfindung und wird Ende des Jahres 1991 zur Nutzung freigegeben.[331]

---

[327] Vgl. ***Ahlheid***, Sven et al. (2010), S. 18.; Ein konkretes Beispiel bezüglich einer hybriden Produktform in Kombination mit Software- und Hardwarekomponenten, liefert das Konzept Nike+ in Kombination mit Laufschuhen. Das Nike+ Konzept erlaubt durch moderne Sensoren, die Nutzung moderner Vernetzungsoptionen und eröffnet somit neue Nutzungsmöglichkeiten für den jeweiligen Nutzer, vgl. ***Nike Inc*** (2013b), o. S. mit dem Verweis auf das dort beschriebene Nike+ (plus) Running Konzept.

[328] Vgl. Kapitel 3.

[329] Die Vervollständigung des ganzheitlichen Ansatzes bezieht sich auf das noch ausstehende Merkmal Web 3.0, weshalb in diesem Kapitel die Potenziale und Bedeutung zum Web 3.0 im ganzheitlichen Ansatz erläutert werden sollen, vgl. Abbildung 1.

[330] Der Proposal wurde an die europäische Organisation für nukleare Forschung (CERN) gesendet und dort offiziell zum Ersten Mal entgegen genommen, vgl. ***Berners-Lee***, Tim et al. (1994), S. 76f.

[331] Vgl. ***Berners-Lee***, Tim et al. (1994), S. 76f.; vgl. ***Berners-Lee***, Tim (1998), S. 1.; Die Gründung des World Wide Web Consortium (W3C) im Jahr 1994, gilt als wichtiger Schritt zu Gunsten langfristiger

Die Bezeichnung Web 1.0 lässt nicht lange auf sich warten und nimmt seinen Lauf als attraktive kommerzielle Plattform für Unternehmen. Allgemein ist die Generation Web 1.0 durch einseitige Kommunikationskanäle geprägt und ermöglicht lediglich eine passive Wahrnehmung bestimmter Internetseiten.[332] Die Funktionsweise eines Web 1.0 ist demnach monochron ausgelegt, weshalb die Webinhalte überwiegend durch Monologe in Top-down-Hierarchien geprägt sind. Die Entwicklung im Web 1.0 folgt allgemein immer nur einer Linie und spiegelt sich ferner lediglich in visuellen Verfeinerungen wider.[333] Ein Mehrwert durch innovative Neuerungen in der Webseitengestaltung bleibt zunächst aus, so dass die Entwicklung eine erste Stagnationsphase erreicht hat.[334] Ein derart funktionierendes Internet ist aber im Zuge sich ständig veränderter Bedürfnisse auf Dauer nicht aufrechtzuerhalten und gibt Anlass zur Überarbeitung, der bisher festgesetzten Denkhaltung. Insbesondere nach dem berüchtigten Dotcom-Kollaps und der daraus resultierenden Marktreinigung aus dem Jahr 2001, entwickelt sich zunehmend eine aufstrebende und teilnehmende Gesellschaft mit dem Verlangen nach neuen Möglichkeiten.[335] Vor diesem Hintergrund ist der Nährboden für technische Weiterentwicklungen gegeben.[336]

Infolgedessen rückt ein anfänglich durchdachtes Konzept im Jahr 2004 an die Öffentlichkeit und erobert das W3 unter der Bezeichnung Web 2.0. In diesem weiterentwickelten Web, dreht sich alles um interaktive Vernetzung mittels vereinfachter Kommunikationsmöglichkeiten.[337] Eine Studie von *Hagel / Rayport* (1997) konnte bereits das vorherrschende Potenzial hinsichtlich der Offenlegung persönlicher Informationen aufzeigen. Demnach sind Konsumenten tendenziell dazu geneigt persönliche Informationen preiszugeben, wenn entsprechende Möglichkeiten dafür bestehen.[338] Diese Erkenntnis spiegelt sich deutlich in der interaktiven Funktionsweise des Web 2.0 wider. Die Generation Web 2.0 ist demzufolge „[…] a tool for bringing together the small contributions of millions of people and making them matter."[339] Diese Definition

---

Entwicklungspfade im W3 und ist zudem ein wichtiger Treiber für die rasante Entwicklung des W3, das sich schließlich Mitte der 90er Jahre definitiv durchsetzen kann, vgl. **Berners-Lee**, Tim (1998), S. 1.; vgl. **Berners-Lee**, Tim et al. (2006), S. 7ff.

[332] Vgl. **Fuchs**, Christian et al. (2010), S. 43.; vgl. **Li**, Hairong (2011), S. 13.
[333] Vgl. **O'Reilly**, Tim (2005), S. 1.
[334] Vgl. **Allen**, Matthew (2012), S. 3f.
[335] Vgl. **O'Reilly**, Tim (2005), S. 1.
[336] Vgl. **Allen**, Matthew (2012), S. 3f.
[337] Vgl. **O'Reilly**, Tim (2005), S. 1.
[338] Vgl. **Hagel**, J. III / **Rayport**, J. F. (1997), S. 67.
[339] **Grossman**, Lev (2006), S. 1.

beschreibt den interaktiven Informationsfluss zwischen einer Vielzahl von Nutzern. Der Fokus liegt dabei in dem virtuellen gegenseitigem Teilen persönlicher Bedürfnisse und Interessensschwerpunkte.[340]

Die Vorgehensweise des Web 2.0 ist folglich polychron ausgelegt und fokussiert dabei den Menschen mit seinen Bedürfnissen. Die Nutzerbeteiligung und die damit einhergehenden Netzwerkeffekte prägen die Vorgehensweise im Web 2.0.[341] Im Laufe der Jahre rückt der Begriff Social Media zunehmend in den Mittelpunkt und setzt sich schnell als Synonym für Web 2.0 durch. Laut *Berners-Lee* (1998) ist das Web „designed for a social effect - to help people work together - and not as a technical toy."[342] Aus dieser Aussage wird deutlich, dass der Erfinder schon vor langer Zeit diesen Nutzen erkannt hat und somit die Entwicklungsrichtung eines W3 schon seit längerem vorgegeben hat. Einige Jahre später, konnte dieser social effect in den Möglichkeiten eines Social Media verwirklicht werden.[343]

Social Media steht stellvertretend für interaktive Kommunikationsplattformen, die den Austausch in sozialen Netzwerken wie beispielsweise Foren oder Portalen erlauben. Zudem können sich Nutzer untereinander und mit Unternehmen in transparenten und gleichrangigen Beziehungen austauschen.[344] Konsumenten haben dabei die Möglichkeit in online Communities als Content-Produzenten aufzutreten und dabei gezielte Produktmeinungen, Erfahrungen und Empfehlungen über electronic-word-of-mouth (eWOM) zu verbreiten.[345] Social Media erfreut zunehmender Beliebtheit unter den Nutzern und sorgt für einen Wandel in der Gesellschaft, insbesondere in Hinblick auf das gegenwärtige Kommunikationsverhalten.[346]

O'Reilly ist einer der Hauptvertreter und berichtet über eine fundamentale Veränderung der Internetnutzung sowie der Kommunikationsumgebung. Laut *O'Reilly* und *Battelle* (2009) ist Web 2.0 nicht nur eine interaktive globale Plattform, sondern erweitern diese allgemein geführte Beschreibung mit folgender Aussage: „The Web is all about harnessing collective intelligence."[347] Die Nutzung kollektiver Intelligenz ist das Resultat eines interaktiven sozialen Nutzeraustauschs, der mit einer globalen Ansamm-

---

[340] Vgl. **O'Reilly**, Tim / **Battelle**, John (2009), S. 1f.
[341] Vgl. **O'Reilly**, Tim (2005), S. 1.
[342] **Berners-Lee**, Tim / **Fischetti**, Mark (1999), S. 133.
[343] Vgl. **Hutton**, Graeme / **Fosdick**, Maggie (2011), S. 566.
[344] Vgl. **Hutton**, Graeme / **Fosdick**, Maggie (2011), S. 567f.
[345] Vgl. **Brown**, Jo et al. (2007), S. 4ff.; vgl. **Kozinets**, Robert V. et al. (2010), S. 71f.
[346] Vgl. **Andzulis**, James M. et al. (2012), S. 307f.
[347] **O'Reilly**, Tim / **Battelle**, John (2009), S. 1.

lung großer Informationsmengen einher geht.[348] Als Konsequenz sind, die virtuelle Bündelung kollektiver Intelligenz und die vereinfachte interpersonelle Kommunikation sowie der ungehinderte Informationsfluss, der Auslöser für die drastisch gestiegene Internetnutzung.[349]

Laut einer Umfrage von *BITKOM* aus dem Jahr 2011, nutzen allein in Deutschland fast drei Viertel der gesamten Bevölkerung das Internet.[350] Darüber hinaus sind rund 74 Prozent der Internetnutzer mindestens in einem sozialen Netzwerk angemeldet und nutzen diese überwiegend zum virtuellen Austausch mit dem sozialen Umfeld sowie zur gezielten Nutzung als Informationskanal.[351] Weltweit beläuft sich die Zahl der Internetnutzer nach letzten Angaben der *Miniwatts Marketing Group* Ende Juni 2012 auf 2,4 Milliarden (Mrd.).[352]

Ein zentrales Merkmal im Zuge der rasanten Entwicklungen, stellt die vollständige Konnektivität dar. Technologische Sensoren der Mikroelektronik mit moderner Funktechnologie, implizieren einen gewissen Miniaturisierungsgrad zur Integration in elektronische Geräte.[353]

Dies hat zur Folge, dass der Nutzer unabhängig vom jeweiligen Standort, ständig mit dem Internet über physische mobile Objekte verbunden ist und somit über neue Nutzungsmöglichkeiten verfügen kann.[354] Daraufhin, entsteht ein soziales Internet der Dinge, das sich in einem intelligenten Web entfaltet.[355] Daran knüpft auch der aktuelle Stand der Entwicklung an und spiegelt sich ferner in der aufsteigenden Smartphone Generation wider.[356] Allgemein wird auch noch von der *Wireless Revolution* gesprochen.[357]

---

[348] Vgl. *O'Reilly*, Tim / *Battelle*, John (2009), S. 1f.
[349] Vgl. *Andzulis*, James M. et al. (2012), S. 305f.; vgl. *O'Reilly*, Tim / *Battelle*, John (2009), S. 1.
[350] Vgl. *BITKOM* (2011a), S. 6.
[351] Vgl. *BITKOM* (2011b), S. 4.
[352] Vgl. *Miniwatts Marketing Group* (2012), o. S.
[353] Vgl. *Mattern*, Friedemann (2008), S. 7f.; vgl. *BDI* (2011), S. 51ff.
[354] Vgl. *Console*, Luca et al. (2011), S. 266f.
[355] Vgl. *Console*, Luca et al. (2011), S. 266.; vgl. *Christophe*, Benoit et al. (2011), S. 56f.
[356] Vgl. *O'Reilly*, Tim / *Battelle*, John (2009), S. 1f.; Aus dem Digitalbarometer zur mobilen Internetnutzung geht hervor, dass bereits 39 Prozent der Bevölkerung in Deutschland mobiles Internet nutzen, vgl. *TNS Emnid* (2012), S. 18.
[357] Vgl. *Console*, Luca et al. (2011), S. 269f.

Eine solch rasante Entwicklung geht in der Folge mit einer unkontrollierten Ansammlung webbasierter Daten und Informationen einher, die mittlerweile unendliche Dimensionen angenommen und eine regelrechte virtuelle Informationsflut ausgelöst hat.[358]

Als Konsequenz müssen sich Unternehmen und Konsumenten verstärkt mit den Herausforderungen von Big Data auseinandersetzen.[359] Des Weiteren steigen mit den neuen Informations- und Kommunikationstechnologien, die Gefahren und Risiken hinsichtlich der Sicherheit persönlicher Daten im Internet sowie die unaufhaltsame Verbreitung oberflächlicher Informationen, die dem Internetnutzer zusätzlich erschweren, authentische Informationen von manipulativen zu unterscheiden.[360] Zudem können erhebliche Schäden durch Fremdeinwirkung persönlicher Daten anfallen und dabei negative sozio-ökonomische Auswirkungen für den Beschädigten haben.[361] Demnach ist besondere Vorsicht im Umgang mit den heutigen Kommunikationsmöglichkeiten geboten.[362]

4.2 Besonderheiten und Merkmale im Web 3.0

Die verfolgte Zielsetzung der Generation Web 3.0, knüpft an die bereits angedeutete Datenflut durch Big Data im W3 an. Die Ausgangssituation zielt allgemein auf das Suchverhalten der Nutzer ab. Die heutigen Suchanfragen im W3 gehen immer noch mit vielen Komplikationen einher und überfordern den Nutzer mit einer regelrechten Flut an unüberschaubaren Suchtreffern, die nicht immer im Kontext zur jeweiligen Anfrage stehen. Suchanfragen verweisen via Volltexterkennung sehr häufig auf tausende Treffer, denen aus Zeit- und Effektivitätsgründen nicht explizit nachgegangen werden kann.[363] Ein Grund dafür stellt das fehlende Verständnis in der korrekten Verknüpfung von

---

[358] Vgl. **Bawden**, David / **Robinson**, Lyn (2009), S. 186.; Die Experton Group hat in einer Studie, die aktuelle Datenexplosion und die Entwicklung von Big Data in Deutschland übersichtlich dargestellt und dabei die Notwendigkeit zur Lösung von Big Data-Problemen herausgearbeitet, vgl. **Velten**, Carlo / ***Janata***, Steve (2012), S. 5f.

[359] Ein ausführlicher Bericht von *McKinsey Global Institute* hat diese rasante Verbreitung und Explosion webbasierter Daten analysiert und mit dem aktuellen Phänomen Big Data in Zusammenhang gebracht, vgl. **Manyika**, James et al. (2011), S. 1. und S. 15ff.

[360] Vgl. **Hong**, Weiyin / **Thong**, James Y. L. (2013), S. 275f.; vgl. **Stanaland**, Andrea J. S. et al. (2011), S. 512f.

[361] Eine Übersicht zu den Ergebnissen mehrerer Studien bezüglich der Risiken im Internet, konnten das Potenzial zur virtuellen Bedrohung der Privatsphäre im W3 bestätigen, vgl. **Reed**, Daniel / **Chi**, Ed H. (2012), S. 8f.

[362] Allein in Deutschland fühlen sich 57 % der Unternehmen bedroht und sogar drei Viertel der Privatanwender fühlen sich nicht mehr sicher beim Austausch von Daten, vgl. **BITKOM** (2012), S. 6. und S. 11f.

[363] Vgl. **Hitzler**, Pascal et al. (2007), S. 22f.; vgl. **Ding**, Ying (2010), S. 335f.

Informationen mit den jeweiligen Bedeutungen dar. Inhalte sind für Maschinen zwar lesbar, aber nicht versteh- oder interpretierbar.[364]

Die Lösung auf diese Problemstellung, stellt das Web 3.0 dar.[365] Das primäre Ziel liegt darin, den Nutzer künftig mit Hilfe semantischer Verknüpfungen in seinem Suchverhalten zu entlasten, indem anfallende Datenverarbeitungsprozesse schneller und strukturierter durchgeführt werden.[366] Gerade durch den zunehmenden Zeitmangel und steigender Verarbeitungskapazität, nehmen semantische Verfahren zur zieladäquaten Interpretation und Generierung individueller Informationen, einen zentralen Stellenwert ein.[367] Demzufolge ist das semantische Web „[...] a Web of actionable information - information derived from data through a semantic theory for interpreting the symbols."[368]

Hendler (2009) beschreibt in diesem Zusammenhang, die Funktionsweise als "[...] the ability to infer relationships between data in different applications or in different parts of the same applications"[369] Daran anknüpfend definieren *Fuchs et al.* (2010) das Web 3.0 als "[...] a system of human cooperation."[370]

Aus den verschiedenen Aussagen wird ersichtlich, dass Suchanfragen im semantischen Web ganzheitlich und kontextspezifisch analysiert werden. Ermöglicht wird dies durch semantische Analysen globaler Datenbanken und die daraus resultierende Fähigkeit, eine Vielzahl von Daten aus unterschiedlichen Quellen für Maschinen interpretierbar zu machen. In diesem Zusammenhang sind semantische Technologien in Verbindung mit Ontologien wichtige Treiber, die eine logische Verknüpfung zwischen Begriffen ermöglichen und ferner „[...] interoperability between systems."[371] gewährleisten.[372] Interoperabilität erlaubt allgemein, eine engere Zusammenarbeit zwischen verschiedenen Anwendungen und erleichtert somit die Interaktion untereinander.[373] Dies hat zur Folge, dass der jeweilige Nutzer, gemäß seiner individuellen Bedürfnisse, ganzheitliche

---

[364] Vgl. **Ding**, Ying (2010), S. 336.

[365] Web 3.0 wird in der Literatur überwiegend unter der Bezeichnung Semantic Web thematisiert, vgl. **Berners-Lee**, Tim et al. (2001), S. 35.

[366] Vgl. **Berners-Lee**, Tim et al. (2001), S. 36f.

[367] Vgl. **Ding**, Ying (2010), S. 335f.

[368] **Shadbolt**, Nigel et al. (2006), S. 96.

[369] **Hendler**, Jim (2009), S. 112.

[370] **Fuchs**, Christian et al. (2010), S. 51.

[371] **Shadbolt**, Nigel et al. (2006), S. 96.

[372] Semantik und Ontologien gelten als wichtige Treiber für eine reibungslosen Funktionsweise von Web 3.0, vgl. **Hendler**, Jim (2009), S. 112.; Linked Data ist ein weiteres Synonym für die logische semantische Verknüpfung im Web 3.0, vgl. **Bizer**, Christian et al. (2009), S. 2f.

[373] Vgl. **Stark**, Anna et al. (2009), S. 58.

und kontextspezifische Suchtreffer erhält. Vor diesem Hintergrund, kann das Web 3.0 auch noch als virtuelles Gehirn bezeichnet werden, das aus maschinenlesbaren Wissensrepräsentationen besteht und daraufhin kontextspezifische Bedeutungszusammenhänge interpretieren und zwischenmenschliche Kooperationsprozesse ermöglicht.[374] Damit einher geht ein intelligenteres Web, das sich vor allem durch die aggregierte Suche über mehrere Internetseiten hinweg, auch noch Inferenz Tool genannt, auszeichnet.[375] Allgemein muss das Web 3.0 als Erweiterung zum interaktiven Social Web verstanden werden und setzt sich somit aus der Summe von Web 2.0 und Semantic Web zusammen.[376] Aus dieser Gleichung resultiert ein Social Semantic Web (SSW), das auch als Synonym für Web 3.0 verwendet wird und dessen zentrales Merkmal der kooperative Prozess unter den Nutzern darstellt.[377]

Laut *Fuchs et al.* (2010) erfordert die Auseinandersetzung mit Web 3.0, eine ganzheitliche Sichtweise auf das W3 und definieren das Web 3.0 somit als „[...] a techno-social system, a system where humans interact based on technological networks."[378]

Der Push- und Pull-Ansatz kann allgemein als hilfreiches Konzept, zur näheren Beschreibung der Funktionsweise im Web 3.0, angesehen werden. Beim Push-Marketing stellen Anbieter dem Markt Informationen und Leistungen zur Verfügung, die der Nachfrager aufgrund von Suchaktivitäten auswählt.[379] Beim Pull-Marketing suchen Leistungen und Informationen den Nachfrager und liefern eindeutige Lösungen, durch permanente Erhebungen von Nutzungsinformationen in prozessorientierten Prognose-Modellen.[380]

In diesem Kontext können die Eigenschaften eines Pull-Marketings auf das SSW übertragen werden. Demnach sucht das semantische Web nach Bedeutungszusammenhängen und integriert persönliche Informationen des jeweiligen Nutzers. Auf diese Weise sind semantische Technologien auf Nutzerinformationen angewiesen. Bereits im Jahr 2001 konnte die Vision eines multi-dimensionalen Umfelds mit semantischen

---

[374] Vgl. **Feigenbaum**, Lee et al. (2007), S. 90f.; Ontologien sind Wissensrepräsentationen, die Relationen zwischen wissensbasierten Elementen erlauben, vgl. **Ultes-Nitsche**, Ulrich (2010), S. 7f.; Für eine detaillierte praxisnahe Auseinandersetzung mit Ontologien und deren Bedeutung, vgl. **Ding**, Ying (2001), S. 377f.

[375] Vgl. **Dengel**, Andreas (2011), S. 154f.

[376] Vgl. **Berners-Lee**, Tim et al. (2006), S. 20.

[377] Vgl. **Fuchs**, Christian et al. (2010), S. 50f.

[378] **Fuchs**, Christian et al. (2010), S. 51.; Die Autoren kritisieren den Trend zur Kategorisierung bestimmter Versionen im W3, weshalb das W3 zur Vereinfachung vielmehr als ganzheitliches System, bestehend aus Web 1.0, Web 2.0 und Web 3.0 betrachtet werden soll, vgl. **Fuchs**, Christian et al. (2010), S. 50ff.

[379] Vgl. **Hörstrup**, Robert (2012), S. 80.

[380] Vgl. **Hörstrup**, Robert (2012), 79f.

Software-Agenten beschrieben werden. Webbasierte personalisierte Agenten erfüllen personalisierte Dienste und suchen kontextspezifische Informationen in einem vernetzten System.[381] Die aktuellen Entwicklungen aus der Mikroelektronik sowie die daraus resultierenden Miniaturisierungsprozesse im Rahmen einer vollständigen Konnektivität, sind wichtige Voraussetzungen für die erfolgreiche Entfaltung der semantischen Technologien im Web 3.0.[382] Dabei gelten die Daten und die kollektive Intelligenz als das „virtuelle Gold einer vernetzten Wirtschaft"[383] und stellen besonders für Unternehmen virtuelle Produktionsfaktoren in der internen Wertschöpfungskette dar.[384]

Auf Basis der hier aufgeführten Definitionen und Erläuterungen zum Web 3.0 und gemäß dem Verständnis des ganzheitlichen Ansatzes, erscheint eine eigenständige Definition als sinnvoll. Das Web 3.0 kann demnach wie folgt definiert werden: [385]

> *Das **Web 3.0** ist ein hoch integratives und interaktives Web in einem techno-sozialen Umfeld, dessen Funktionsweise einen Pull-Ansatz verfolgt und allgemein nutzerbezogene Kooperationsprozesse im Zuge semantischer Technologien durch Interoperabilität ermöglicht.*

4.3 Web 3.0 im Rahmen der interaktiven Wertschöpfung

Die Information *Society Technologies Advisory Group* (ISTAG) der EU bemängelt das fehlende Bewusstsein über die Wichtigkeit von Softwaretechnologien. ISTAG argumentiert diesbezüglich "[…] missing the strategic importance of software technology as a key enabling technology will lead to a significant drawback."[386] Diese Aussage kann auf die interaktive Wertschöpfung übertragen werden, indem die Möglichkeiten softwarebezogener Systeme und semantischer Technologien innerhalb der einzelnen Wertschöpfungsstufen genutzt und langfristig umgesetzt werden sollen.[387] Insbesondere durch die eingebetteten Softwaretechnologien in „real-time Services"[388] zusammen mit den Möglichkeiten von Web 3.0, kann das bisherige Verständnis einer interaktiven

---

[381] Vgl. **Berners-Lee**, Tim et al. (2001), S. 35ff.
[382] Vgl. **Garrigos-Simon**, Fernando J. et al. (2012), S. 1880ff.
[383] **BDI** (2011), S. 57.
[384] Vgl. **Shadbolt**, Nigel et al. (2006), S. 96f.
[385] Für eine visuelle Einordnung dieser Definition im ganzheitlichen Ansatz, vgl. Abbildung 1.
[386] *ISTAG* (2012), S. 4.
[387] Vgl. **Console**, Luca et al. (2011), S. 265f.
[388] *ISTAG* (2012), S. 4.

Wertschöpfung revolutioniert und ferner ein Wandel in Richtung einer webbasierten Dienstleistungswirtschaft impliziert werden.[389]

Insgesamt ermöglicht das Web 3.0 sowohl für den Kunden als auch für den Anbieter, neue Möglichkeiten im Integrations- und Interaktionsansatz, weshalb beide Ansätze im Rahmen dieses Unterkapitels thematisiert werden sollen.

4.3.1 Interaktionsansatz

Die Interaktion zwischen Maschine und Mensch befindet sich aktuell in einem Wandel, der sich im Zuge einer zunehmenden intelligenten Vernetzung und Verbreitung maschineninterpretierbarer Informationen abzeichnen lässt.[390]

Eine interaktionsfördernde Anwendung stellt das Cloud-Computing dar, das im Zuge der gegenwärtigen Entwicklungen zunehmend auch von Unternehmen genutzt wird.[391] Solche Cloud-Dienste umfassen virtuelle Datenbanken, die große Datenmengen speichern und für den jeweiligen Nutzer jederzeit abrufbar sind.[392] Sowohl für Unternehmen als auch für Konsumenten kann dadurch die Flexibilität deutlich gesteigert und der Alltag vereinfacht werden.[393] Demnach können Unternehmen spezifische Dienste, zur Nutzung in einer öffentlichen Cloud, freigeben.[394] In diesem Zusammenhang entsteht eine gezielte Inanspruchnahme von Softwarediensten, deren Nutzung eine Interaktionsbeziehung zwischen Maschine und Mensch impliziert. Insbesondere Unternehmen können mit Hilfe privater Clouds im Web 3.0, wichtige Informationen über mehrere Wertschöpfungsstufen hinweg vernetzen und cross-funktional in digitaler Form zur Verfügung stellen.[395] Hinsichtlich der cross-funktionalen Verknüpfung von Unternehmensdaten, stellt die Interoperabilität semantischer Technologien eine wichtige

---

[389] Vgl. **BDI** (2011), S. 57ff.; vgl. Kapitel 4.2.

[390] Vgl. **Console**, Luca et al. (2011), S. 265f.

[391] Vgl. **Lin**, Angela / **Chen**, Nan-Chou (2012), S. 533f.; Der aktuelle Cloud-Monitor 2013 von *KPMG AG* zu den Perspektiven im Cloud-Computing, untermauert den Erfolg privater Clouds in Unternehmen; vgl. **KPMG AG** (2013), S. 7ff.

[392] Vgl. **Armbrust**, Michael et al. (2010), S. 50.; Der bekannteste und meist genutzte Cloud-Dienst ist software-as-a-service und steht allgemein für die virtuelle Verfügbarkeit von Software, die abhängig von der Nutzungsintensität bezahlt werden muss. (Nutzungsvermarktung durch „value in use" am „point of use") Für eine ausführliche Beschreibung von software-as-a-service, vgl. *Cusumano*, Michael (2010), S. 27ff.

[393] Vgl. **Garrisson**, Gary et al. (2012), S. 62f.

[394] Vgl. **ISTAG** (2012), S. 16.; vgl. **KPMG** (2013), S. 28f.

[395] Vgl. **Garrisson**, Gary et al. (2012), S. 63ff.; vgl. **KPMG** (2013), S. 14f.

Voraussetzung dar. Auf diese Weise kann, eine intuitive virtuelle Interaktion zwischen mehreren Wertschöpfungspartnern hergestellt werden.[396]

Der Interaktionsansatz im Web 3.0 vollzieht sich insbesondere über die Bündelung kollektiver Intelligenz auf virtuellen Plattformen und „[…] to cooperate in the creation of Web data, whilst at the same time searching the Web in an intelligent way."[397]

Eine weitere interaktionsförderliche Technologie, stellen sogenannte semantische Wikis dar, die eine Kollaboration mehrerer Nutzer voraussetzen, mit dem Ziel, ein webbasiertes kollektives Wissenssystem aufzubauen. Allgemein umfasst ein Wiki eine Wissensdatenbank, die sich aus der Mitwirkung zahlreicher Nutzer zusammensetzt.[398]

Erst durch die Möglichkeiten von Web 3.0, können verschiedene Datenbanken miteinander verbunden und Informationen in einen kontextspezifischen Zusammenhang gebracht werden.[399] In der Folge entstehen semantische Wikis, die eine bedürfnisorientierte Navigation erlauben und darüber hinaus kombinierte Suchanfragen erkannt sowie individuelle Lösungen für bestimmte Problemstellungen geliefert werden können.[400]

Der Interaktionsansatz kommt vor allem im Rahmen semantischer Suchdienste zur Geltung und ermöglicht sowohl für Anbieter als auch für Kunden, spezifische Probleme durch konkrete Suchanfragen gelöst zu bekommen.[401] Dank semantischer Verknüpfungen und der kontextspezifischen maschinenlesbaren Interpretierbarkeit, kann eine Lösung bestehend aus mehreren Wissensquellen einheitlich mit passenden Informationen in gebündelter Form angezeigt werden. Die Entwicklung semantischer Technologien im Web 3.0 geht aber noch ein Schritt weiter in Richtung intelligente sprachgesteuerte Suchagenten. Solche semantische Agenten mit integrierter Sprachsteuerung

---

[396] Vgl. **Janiesch**, Christian et al. (2008), S. 71f.; Ein Beispiel hierfür stellt die Vision eines Business Webs dar, das von Unternehmen zur Koordination von Wertschöpfungsnetzwerken über Unternehmensgrenzen hinweg eingesetzt werden kann und ferner den Kommunikationsfluss zwischen Kooperationspartnern erleichtern soll. Das Business Web ist eine Initiative, entwickelt von der SAP Research Abteilung und kann als nützliche cloud-basierte Lösung zu Gunsten vereinfachter Kommunikationswege in Wertschöpfungsnetzwerken angesehen werden, vgl. **SAP AG** (2013), o. S. mit Verweis auf das dort beschriebene Konzept zur Funktionsweise von Business Web.

[397] **Barassi**, Veronica / **Treré**, Emiliano (2012), S. 1273.; Ein typisches Beispiel für den hier beschriebenen Interaktionsansatz, stellt die Plattform *quora.com* dar. *Quora* bündelt, in Form eines Fragen-Antwort-Prinzips, das globale Wissen aus Nutzerkollaborationen in Echtzeit und stellt kontextspezifisch verknüpftes Wissen durch semantische Technologien zur Verfügung, vgl. **Barassi**, Veronica / **Treré**, Emiliano (2012), S. 1272f.

[398] Vgl. **Schaffert**, Sebastian et al. (2009), S. 245f.

[399] Vgl. **Stark**, Anna et al. (2009), S. 40.

[400] Vgl. **ISTAG** (2012), S. 22ff.; Ein Paradebeispiel für die Kombination von kollaborativ erstelltem Wissen mit semantischen Technologien in einem interaktiven Portal, stellt das von der EU geförderte KiWi Projekt dar, vgl. **KiWi** (2010), S. 6ff.

[401] Vgl. **ISTAG** (2012), S. 30f.; vgl. **Stark**, Anna et al. (2009), S. 75f.; Ein aktuell ausgereifter semantischer Suchdienst ist WolframAlpha als intelligente computerbasierte Wissensmaschine im Web 3.0, vgl. **WolframAlpha** (2013), o. S.

sind in der Lage, individuelle Suchanfragen zu beantworten und stehen dabei stets in einer virtuellen Interaktionsbeziehung mit dem jeweiligen Nutzer.[402] Durch die mobile Vernetzung und der Konfiguration von Apps (Applications), wird der virtuelle Agent in mobilen Endgeräten zu einem interaktiven Begleiter, der aufwändige Suchprozesse unabhängig vom geographischen Standort übernimmt und somit das Suchverhalten der Nutzer erleichtern soll.[403] Insgesamt werden solche Dienste, im Rahmen vollständiger Konnektivität, weltweit zugänglich und darüber hinaus, dank der zunehmend humaneren IT-Nutzung, leicht konsumier- und implementierbar.[404]

4.3.2 Integrativität in einer Ambient Intelligence

Virtuelle Kundenintegration ist schon seit langem ein fester Bestandteil in Unternehmensprozessen, wobei überwiegend der Innovationsprozess im Mittelpunkt der Betrachtung stand.[405] Allgemein fungieren virtuelle Plattformen zur Konfiguration individueller Produkte im Sinne von Mass Customization.[406] Das Konzept der Selbstbedienung mit Hilfe individueller Konfigurationsassistenten ist dabei ein typisches Vorgehen zur virtuellen Integration des Kunden.[407]

Im Web 3.0 geht die virtuelle Kundenintegration über den Innovationsprozess hinaus. Durch die bereits erwähnte Miniaturisierung der Mikroelektronik sowie dank der modernen Informations- und Kommunikationstechnologien, entstehen vereinfachte Integrationsmöglichkeiten durch das Schaffen einer digitalisierten und integrativen Umgebung.[408]

---

[402] Vgl. *Console*, Luca et al. (2011), S. 267f.; In der Gesundheitsbranche gilt das von IBM entwickelte Watson als Vorreiter im Bereich semantischer Agenten, der bereits eine erfolgreiche Supportfunktion für Ärzte eingenommen hat, vgl. *Feldman*, Susan (2012), S. 1f.; Beim Konsumenten sind aktuell die mobile Siri-Sprachsteuerung von Apple und die Google-Sprachsteuerung als virtuelle Agenten anzusehen.

[403] Vgl. *Wooldridge*, Michael / *Jennings*, Nicholas R. (1995), S. 115f.; vgl. *Console*, Luca et al. (2011), S. 270f.

[404] Vgl. *Console*, Luca et al. (2011), S. 278.

[405] Vgl. *Rohrbeck*, René et al. (2010), S. 117.

[406] Vgl. *Rohrbeck*, René et al. (2010), S. 121f.

[407] Vgl. *Bartl*, Michael et al. (2012), S. 1031f.; Virtuelle Kundenintegrationsprozesse fokussieren überwiegend den Innovationsprozess und erstrecken sich über webbasierte Systeme, die dem Kunden erlauben, konkrete Bedürfnisinformationen virtuell an das Unternehmen zu übertragen und individuelle Produkte selbst zu konfigurieren. Mit Hilfe automatisierter Self-Service-Technologien und Konfiguratoren werden Kunden virtuell integriert. Als Paradebeispiel kann das Unternehmen *Shake Fit GmbH* genannt werden, das eine solche virtuelle Konfiguration mit individuellen Sportgetränke durchführt, vgl. *Shake Fit GmbH* (2011), o. S. mit Verweis auf die Schaltfläche „shake fit Konfigurator".

[408] Vgl. *Weiber*, Rolf / *Hörstrup*, Robert (2009), S. 285f.

Eine solche Umgebung wird auch noch als Ambient Intelligence (AmI) bezeichnet und kann ferner als konkrete Anwendung des Ubiquitous Computing (UbiComp) angesehen werden.[409] Laut *Aarts* (2004) ist AmI „[...] the presence of a digital environment that is sensitive, adaptive, and responsive to the presence of people."[410]

Insgesamt verfolgt die AmI ein benutzerorientierter Ansatz mit einem hohen Flexibilitätsgrad.[411] Die AmI verfolgt allgemein das Ziel, den Kunden in seiner realen Umgebung im Alltag durch funkbasierte Sensoren, eingebettet in intelligenten Objekten, zu begleiten.[412]

Aus diesem allgemeinen Verständnis, lässt sich eine integrative Sichtweise ableiten, die sowohl Anbieter als auch Nachfrager betrifft. Insbesondere das Konzept der Anbieterintegration bekommt im Rahmen der AmI, einen zentralen Stellenwert zugeschrieben, da im Zuge einer solch digital vernetzten Umgebung, erstmals konkrete Einblicke in die Art und Weise, wie ein Kunde das hybride Leistungsergebnis nutzt, gewährt werden können.[413]

Der Anbieter kann selbst als externer Gestaltungsfaktor in die Nutzungsprozesse des Kunden eingreifen und dabei wichtige Informationen aus dem Nutzungsverhalten am *point of use* gewinnen und somit konkrete Erfahrungswerte sammeln.[414] Semantische Technologien sind dafür zuständig, die jeweiligen Nutzungsinformationen in einen kontextspezifischen Zusammenhang zu bringen und darüber hinaus maschinenlesbar zu machen. Das Web 3.0 ist demnach eine wichtige Voraussetzung für die hier beschriebenen Merkmale und sorgt für eine reibungslose Funktionsweise einer AmI-Umgebung.[415]

Vor dem Hintergrund der hier beschriebenen Merkmale einer AmI, wird die Anbieterintegration nach *Weiber* und *Hörstrup* (2009) definiert als „[...] die Planung, Koordination und Kontrolle der bedarfs- und ablaufsynchronen sowie kundenaktivitäts- und kundenprofilbezogenen Leistungserbringung eines Anbieters im Verlauf der Nutzungsprozess eines Nachfragers [...]."[416] Dabei können anbieterseitige Integrationspunkte im

---

[409] Vgl. **Fälsch**, Henrik (2007), S. 16f.; Der Begriff UbiComp wurde von *Weiser* (1991) eingeführt und fokussiert die allgemeine Computerverfügbarkeit. Im Gegensatz zur AmI, umfasst UbiComp ein rein technologieorientierter Ansatz; vgl. **Weiser**, Mark (1991), S. 94ff.

[410] *Aarts*, Emile (2004), S. 12.

[411] Vgl. **Augusto**, Juan C. / **McCullagh**, Paul (2007), S. 4.; Für eine ausführliche Übersicht verschiedener Definitionen zur AmI, vgl. Hörstrup, Robert (2012), S. 30f.

[412] Vgl. **Fälsch**, Henrik (2007), S. 17.

[413] Vgl. **Fälsch**, Henrik (2007), S. 83.

[414] Vgl. **Weiber**, Rolf / **Hörstrup**, Robert (2009), S. 292.; vgl. **Hörstrup**, Robert (2012), S. 63f.

[415] Vgl. **Stark**, Anna et al. (2009), S. 88f.; Das Web 3.0 entfaltet sich dabei stets im Hintergrund einer AmI-Umgebung.

[416] **Weiber**, Rolf / **Hörstrup**, Robert (2009), S. 290.

Verlauf des kundenseitigen Nutzungsprozesses festgelegt werden.[417] Demzufolge richtet sich der Fokus am *point of use* und impliziert für Unternehmen erstmals eine nutzungsprozessbezogenen Wertschöpfungskette.[418] Die interne Lieferkette wird im Rahmen von AmI und Web 3.0 zu einer dynamischen und integrativen Lieferkette, die beide Integrationskonzepte (Kunden- und Anbieterintegration) voraussetzt und kombiniert.[419] Zur Durchführung der Anbieterintegration, muss der Kunde in der AmI-Umgebung, wichtige Profil- und Nutzungsinformationen von sich offenbaren sowie eine bestimmte Transparenz am *point of use* zulassen.[420] Demnach muss der Kunde sich in das AmI-Umfeld, freiwillig integrieren lassen und dem Anbieter die Erstellung spezifischer Kundenprofilen ermöglichen, damit die Integration des Anbieters auch bedarfs- und ablaufsynchron im Nutzungsprozess der jeweiligen Kunden erfolgen kann.[421]

In diesem Zusammenhang umfasst eine AmI-Umgebung eine Vielzahl an miteinander verknüpfte Sensoren in einem cross-funktional verbundenem Netzwerk, das ferner einen „[…] context-aware transfer of information, […] using a multi-agent system."[422] ermöglicht.[423]

Daraus wird ersichtlich, dass der Anbieter mit Hilfe solcher Sensortechnologien eingebettet in kundenspezifischen Komplettlösungen, wertvolle Nutzungsinformationen hinsichtlich deren Gebrauchswert am *point of use* erfassen und daraufhin individuelle Nutzungsprofile erstellen kann.[424] Damit einher geht, dass Unternehmen mit Hilfe von nutzungsbezogenen Kundenprofilen, die spezifischen Nutzungssituationen besser nachvollziehen und somit mögliche Anpassungen bedarfs- und ablaufsynchron vornehmen können.[425] In diesem Zusammenhang können die von *Engelhardt et al.* (1993) aufgestellten Kriterien zu den verschiedenen Eingriffsmöglichkeiten im Rahmen der

---

[417] Vgl. **Hörstrup**, Robert (2012), S. 90.; Für eine ausführliche Beschreibung und Definition zu dem Begriff „Integrationspunkt" in Nutzungsprozessen, vgl. **Hörstrup**, Robert (2012), S. 93.

[418] Vgl. **Weiber**, Rolf / **Hörstrup**, Robert (2009), S. 292.

[419] Vgl. **Hörstrup**, Robert (2012), S. 298f.

[420] *Hörstrup* bezeichnet dieses Merkmal als Offenlegungsbereitschaft der Kunden und setzt diese für eine erfolgreiche Anbieterintegration in einer AmI voraus, vgl. **Hörstrup**, Robert (2012), S. 306f.

[421] Für eine detaillierte Gegenüberstellung zentraler Unterschiede zwischen der Kunden- und Anbieterintegration, vgl. **Weiber**, Rolf / **Hörstrup**, Robert (2009), S. 297.; vgl. **Hörstrup**, Robert (2012), S. 299f.

[422] *Olaru*, Andrei / *Gratie*, Christian (2011), S. 986.

[423] Das cross-funktional verbundene Netzwerk resultiert wiederum aus dem Einsatz, der im Hintergrund ablaufenden semantischen Technologien, vgl. Kapitel 4.3.1.

[424] Vgl. **Fleisch**, Elgar et al. (2005), S. 25f.; Ein Beispiel für die hier beschriebenen eingebetteten Sensoren in Produkten, stellt das Konzept Nike+ dar. Durch Sensoren im Laufschuh können kundenseitige Nutzungsprozesse erfasst sowie mögliche Supportaktivitäten bedarfs- und ablaufsynchron durchgeführt werden, vgl. *Nike Inc* (2013b), o. S. mit dem Verweis auf das dort beschriebene Nike+ Konzept.

[425] Vgl. **Hörstrup**, Robert (2012), S. 91f.

Kundenintegration auf das Konzept der Anbieterintegration übertragen werden.[426] Allgemein weist die Erfassung kundenseitiger Nutzungsprozesse, unter anderem die Sammlung gezielter Informationen über den jeweiligen Standort und Zeitpunkt der Nutzung auf.[427] Demzufolge können wichtige Nutzungsfrequenzen bei der Erfassung von Nutzungsintensität, -häufigkeit, -dauer und -zeitpunkte extrahiert sowie analysiert werden. Insgesamt wird somit einerseits der Kunde im Verlauf des Nutzungsprozesses mit Hilfe von funkbasierten Sensoren erfasst und in eine AmI-Umgebung integriert, wobei diese Art von Kundenintegration nur indirekt vom jeweiligen Nutzer wahrgenommen wird. Demgegenüber kann der Anbieter sich selbst mit Hilfe von AmI-Technologien als externer Gestaltungsfaktor in die kundenseitigen Nutzungsprozesse integrieren.[428]

4.4 Nutzenstiftung und Handlungsempfehlungen

Vor dem Hintergrund der bisherigen Erläuterungen zur Anbieterintegration in einer AmI, wird offensichtlich, dass der Integrationsansatz eng mit dem Interaktionsansatz verbunden ist. Demnach vollzieht sich der bereits beschriebene Interaktionsansatz bei intelligenten Agenten auch in einer AmI-Umgebung und impliziert allgemein eine Interaktionsbeziehung zwischen AmI-Technologien und dem jeweiligen Nutzer.[429] Die aktuellen Entwicklungen der neuen Kommunikations- und Informationstechnologien sowie der Mikroelektronik, eröffnen sowohl für Anbieter als auch für Nachfrager neue Wege zur Generierung gegenseitigem Nutzen.[430]

Angefangen beim Interaktionsansatz, können dank semantischer Technologien, unterschiedliche Bedürfnis- und Lösungsinformationen aus mehreren Quellen gebündelt und mit Hilfe der kontextspezifischen Interpretierbarkeit, personalisierte Suchanfragen ganzheitlich bearbeitet werden.[431] Demnach erhält der Nutzer einen konkreten Nutzen durch Zeitersparnisse und der Erzielung von Convenience bei semantischen Suchdiensten.[432] Des Weiteren werden Lösungsinformationen mit Hilfe der nutzerorientierten Kollaboration im Web 3.0, schneller verfügbar und können darüber hinaus kontextspe-

---

[426] Vgl. *Engelhardt*, W. H. et al. (1993), S. 395ff.
[427] Vgl. *Spiekermann*, Sarah (2004), S. 5f.
[428] Vgl. *Hörstrup*, Robert (2012), S. 298.
[429] Vgl. *Olaru*, Andrei / *Gratie*, Christian (2011), S. 989.; vgl. *Weiber*, Rolf / *Hörstrup*, Robert (2009), S. 74.
[430] Vgl. Kapitel 4.1.
[431] Vgl. Kapitel 4.3.1.
[432] Vgl. *Schaffert*, Sebastian et al. (2009), S. 250.

zifisch für den jeweiligen Nutzer aufbereitet werden. Dies hat zur Folge, dass der Nachfrager durch die weltweite Vernetzung und durch die Möglichkeiten von Web 3.0, ein vereinfachter Informationsfluss nutzen kann. Dieser Informationsfluss ist allgemein durch Erfahrungsberichte, Bewertungen und Vergleichsmöglichkeiten geprägt, die mittels semantischer Technologien miteinander verknüpft und durch Interoperabilität, zur virtuellen Beantwortung einer konkreten Suchanfrage, kontextspezifisch mit einfließen.[433] Die technologiebasierte und semantische Bewältigung der virtuellen Informationsflut, impliziert beim Nutzer eine deutlich schnellere Entscheidungsfindung, die wiederum mit deutlichen Zeitersparnissen einhergeht.[434] Infolgedessen greift ein Nachfrager verstärkt auf virtuelle semantische Suchdienste zurück und generiert dabei stets, dank der gewonnenen Effizienzvorteile eines interaktiven Sucherlebnisses, einen persönlichen Nutzen.[435]

Insgesamt kann der Nutzer sich durch reine Suchaktivitäten im Web 3.0, individuelle Problemlösungen generieren lassen.[436]

Das Web 3.0 kann demnach als ein cross-funktionales Web bezeichnet werden, das eine nutzerorientierte Problemlösungskompetenz aufzuweisen hat. Auf Basis dieser Merkmale, lässt sich eine Handlungsempfehlung ableiten, die sich mit der Notwendigkeit einer unternehmensbezogenen Auseinandersetzung im Web 3.0 befasst.[437] Bezugnehmend auf die Effizienzvorteile für den jeweiligen Nutzer, muss die virtuelle Unternehmenspräsenz im digitalen Zeitalter sichergestellt sowie nützliche Informationen für semantische Technologien aufbereitet werden. Unternehmen müssen den Fokus künftig auf digitale Business Modelle setzen und diese zu Gunsten ihrer Kunden optimieren.[438] Insbesondere muss ein Unternehmen verstärkt die Möglichkeiten digitalisierter Kundenerlebnisse ausschöpfen und daraufhin mögliche Kundenbindungspotenziale ausnutzen.[439] Auf diese Weise kann ein Unternehmen über interaktive digitale Business Modelle, den Wechsel potenzieller Kunden zur Konkurrenz vermeiden.[440] Zur Durch-

---

[433] Vgl. *Stark*, Anna et al. (2009), S. 64f.

[434] In diesem Zusammenhang werden diese Vorteile auch noch als Effizienzvorteile bezeichnet, die insbesondere durch das schnellere Auffinden nützlicher Informationen geprägt sind, vgl. *Stark*, Anna et al. (2009), S. 64.; vgl. *Khilwani*, Nitesh et al. (2009), S. 918.

[435] Der Effizienzvorteil im Sucherlebnis basiert vor allem auf dem ganzheitlich personifizierten und semantisch gestützten Suchtreffer für den jeweiligen Nutzer im Web 3.0, vgl. *Stark*, Anna et al. (2009), S. 64f.; vgl. *Schaffert*, Sebastian et al. (2009), S. 245ff.

[436] Kapitel 4.2.1.

[437] Vgl. *ISTAG* (2012), S. 41.; vgl. *Weill*, Peter / *Woerner*, Stephanie L. (2013), S. 71.

[438] Vgl. *Garrigos-Simon*, Fernando J. et al. (2012), S. 1883f.

[439] Vgl. *Weill*, Peter / *Woerner*, Stephanie L. (2013), S. 73.

[440] Vgl. *Weill*, Peter / *Woerner*, Stephanie L. (2013), S. 73f.

führung einer solch digitalisierten virtuellen Kundenoptimierung werden Community Manager zur Planung, Steuerung und Koordination virtueller Nutzerkollaborationen und der zieladäquaten Nutzung kollektiver Intelligenz erforderlich.[441] Ein weiteres Nutzen stiftendes Merkmal ist das Cloud-Computing, welches vor allem für Unternehmen die Möglichkeit zur Nutzenmaximierung bietet. In diesem Zusammenhang steht Cloud-Computing für „[...] enabling [...] convenient, on-demand network access to a shared pool of configurable computing resources [...] that can be rapidly [...] released with minimal management effort or service provider interaction."[442] Insbesondere der abnehmende Administrationsaufwand, die hohe Flexibilität hinsichtlich des schnelleren Zugangs zu geografisch verteilten Ressourcen und die vereinfachten Implementierungsprozesse, gelten als die wichtigsten Nutzen stiftenden Merkmale für Unternehmen.[443] Als Konsequenz eröffnen sich konkrete Optimierungspotenziale in den einzelnen Wertschöpfungsstufen und darüber hinaus die Möglichkeit zur Effizienzsteigerung.[444] Des Weiteren ermöglicht Cloud-Computing ein vereinfachter Kommunikationsfluss sowie bessere Koordinationsmöglichkeiten in Wertschöpfungsnetzwerken.[445] Auf Basis dieser Erkenntnisse, ist Cloud-Computing in Hinblick auf eine effizientere Zusammenarbeit mit Wertschöpfungspartnern empfehlenswert und kann zudem als eine Nutzen stiftende Unternehmenslösung zu Gunsten interaktionsförderlicher Unternehmensstrukturen angesehen werden.[446]

Neben dem Interaktionsansatz, umfasst auch der Integrationsansatz in einer AmI, Nutzen stiftende Merkmale für Anbieter und Nachfrager. Ein wesentlicher Punkt, stellt die gesteigerte Transparenz im kundenseitigen Nutzungsverhalten dar.[447] Daraus resultiert ein Mehrwert für Unternehmen, der sich aus den neuen Möglichkeiten der Leistungsgestaltung zusammensetzt. Insbesondere durch die gezielte Erfassung individueller Nutzungsprozesse, entstehen neue Potenziale der Leistungsgestaltung.[448] Unternehmen können demnach neue Möglichkeiten, die zuvor noch undenkbar waren, ausschöpfen. Sämtliche Aktivitäten einer interaktiven Wertschöpfung können mit der Analyse kundenseitiger Nutzungsprozesse in Verbindung gebracht werden. Damit

---

[441] Vgl. *Garrigos-Simon*, Fernando J. et al. (2012), S. 1885f.

[442] *Mell*, Peter / *Grance*, Timothy (2011), S. 2.

[443] Laut dem aktuellen Cloud-Monitor 2013, stiften diese Merkmale den größten Nutzen für Unternehmen, vgl. *KPMG AG* (2013), S. 21f.

[444] Vgl. *Garrisson*, Gary et al. (2012), S. 63f.

[445] Vgl. *KPMG AG* (2013), S. 17.; vgl. *Armbrust*, Michael et al. (2010), S. 52f.

[446] Vgl. *Khilwani*, Nitesh et al. (2009), S. 910f.

[447] Vgl. *Weiber*, Rolf / *Hörstrup*, Robert (2009), S. 292f.; vgl. *Hörstrup*, Robert (2012), S. 301f.

[448] Vgl. *Olaru*, Andrei / *Gratie*, Christian (2011), S. 989f.; vgl. *Hörstrup*, Robert (2012), S. 57.

einher geht die Möglichkeit, wichtige Rückkoppelungen aus den kundenseitigen Nutzungsprozessen zu erfassen und auf Basis dieser, eine nutzungsprozessorientierte Leistungsgestaltung durchzuführen.[449] Bereits durch die Integration des externen Faktors, konnten wichtige Informationen ausgetauscht werden. Mit der Anbieterintegration kann nun auch der kundenseitige Nutzungsprozess, in einer langfristig ausgelegten Nachkontaktphase, erfasst werden.[450] Für Unternehmen entsteht dadurch eine „[…] Nutzenentfaltung am point of use"[451], die allgemein eine nutzungsorientierte Leistungsgestaltung zur Folge hat.[452]

Des Weiteren besteht für den Anbieter die Möglichkeit, im Rahmen der Nachkontaktphase, wichtige Kundenbindungen erzielen zu können.[453]

Aus den Möglichkeiten einer AmI-Umgebung wird ersichtlich, dass die Handlungsempfehlung zu Gunsten von Cloud-Computing und digitaler Business Modelle erweitert werden muss. Neben der Implementierung eines webbasierten Systems (Cloud-Computing) zur Koordination und Interaktion, muss die interne Lieferkette mit den Möglichkeiten einer nutzungsprozessorientierten Leistungsgestaltung im Rahmen von AmI-Technologien erweitert und somit eine unternehmensbezogene Nutzungsvermarktung verinnerlicht werden.[454]

Für die Kunden können dadurch verbesserte und bedarfsgerechtere Leistungsergebnisse erzielt, die ferner im jeweiligen Nutzungsprozess bedarfs- und ablaufsynchron angepasst werden können. Demnach erhält der Kunde durch Integration in eine AmI-Umgebung, kundenprofilbezogene sowie bedarfsgerechte Leistungen, die für den Kunden den höchsten Nutzen darstellen.[455]

---

[449] Vgl. *Hörstrup*, Robert (2012), S. 69f.; vgl. Kapitel 4.2.2.

[450] Vgl. *Weiber*, Rolf / *Hörstrup*, Robert (2009), S. 284.

[451] *Hörstrup*, Robert (2012), S. 70.

[452] Vgl. *Hörstrup*, Robert (2012), S. 70f.

[453] Vgl. *Lin*, Jyhjong (2012), S. 866f.

[454] Die Ergebnisse der Global Supply Chain Survey von PwC zeigen, dass die Integration moderner nachhaltiger Technologien in die interne Lieferkette mit einer bereichsübergreifenden Effizienzsteigerung im Unternehmen einher geht, vgl. *PwC* (2012), S. 18f.; Zur Gegenüberstellung zentraler Unterschiede zwischen der Produkt- und Nutzungsvermarktung, vgl. *Weiber*, Rolf / *Hörstrup*, Robert (2009), S. 284.

[455] Für die Kunden steht vor allem die Möglichkeit zur Ergebnisverbesserung im Vordergrund, vgl. *Hörstrup*, Robert (2012), S. 308.; Das Web 3.0 muss, durch die im Hintergrund arbeitenden semantischen Technologien, immer als Voraussetzung zur kontextspezifischen Verknüpfung bestimmter Nutzungsinformationen in einer AmI-Umgebung angesehen werden, vgl. kapitel 4.2.2.

Daran anknüpfend kann die von *Spector* (2002) getroffene Aussage, „Consider a world where we could actually express our preferences and then receive complete offers"[456], in Gegenwart einer AmI-Umgebung zusammen mit Web 3.0 verwirklicht werden.

Vor dem Hintergrund der hier beschriebenen Nutzen stiftenden Merkmale, erfüllt das Web 3.0 neben der Problemlösungskompetenz für den jeweiligen Nutzer zudem eine Komplexitätsreduktionsfunktion für Unternehmen.

---

[456] *Spector*, Alfred Z. (2002), S. 41.

5 Schlussfolgerungen und Ausblick

Insgesamt konnte die vorliegende Arbeit einer bereichsübergreifenden Betrachtungsweise unterzogen und in diesem Kontext ein speziell für diese Arbeit ganzheitlicher Ansatz aufgestellt sowie eine cross-funktionale Sichtweise auf das Konzept der Kundenintegration ermöglicht werden. Zur Herleitung des ganzheitlichen Ansatzes diente überwiegend der theoretische Bezugsrahmen sowie die interaktive Wertschöpfung und das Web 3.0. Demzufolge konnten im Verlauf der Arbeit, vier zentrale Begriffe herausgearbeitet und schrittweise definiert werden. Zur besseren Übersicht, der vorliegenden Arbeit zugrunde liegenden Definitionen im ganzheitlichen Ansatz (Abbildung 1), sollen diese nachfolgend noch einmal strukturiert aufgelistet werden.

> *Die **interaktive Wertschöpfung** umfasst ein integrativer und interaktiver Prozess, der durch eine kundenspezifische Konfiguration sämtlicher Wertschöpfungsstufen geprägt ist.*

> *Eine **kundenspezifische Komplettlösung** ist ein mehrdimensionales, integratives und Nutzen stiftendes Leistungsergebnis, das mehrere aufeinander abgestimmte materielle und immaterielle Teilleistungen vereint und ferner im Ergebnis eine Dominanz an Vertrauenseigenschaften aufweist sowie zur dessen Erstellung, den Bedarf an Kooperationspartner in Wertschöpfungsnetzwerken erforderlich macht.*

> *Die **Kundenintegration** ist ein dynamischer Prozess, der durch die Kombination interner und externer Faktoren, einen konkreten Integrationsgrad erfordert und darüber hinaus, je nach Integrationsgrad, stets ein mehr oder weniger starkes Nutzen stiftendes sowie durch spezifische Investitionen geprägtes Interaktionserlebnis zwischen Anbieter und Nachfrager zur Folge hat.*

> *Das **Web 3.0** ist ein hoch integratives und interaktives Web in einem techno-sozialen Umfeld, dessen Funktionsweise einen Pull-Ansatz verfolgt und allgemein nutzerbezogene Kooperationsprozesse im Zuge semantischer Technologien durch Interoperabilität ermöglicht.*

Aus den obigen kontextspezifischen Definitionen wird deutlich, dass die zentralen Begriffe so ausgelegt wurden, dass jeweils eine bereichsübergreifende Betrachtungsweise in Hinblick auf die Forschungsfrage, ermöglicht werden kann.

Zur Reflexion der Arbeit, konnte im ersten Kapitel zunächst der ganzheitliche Ansatz visualisiert und als Basis für sämtliche Erläuterungen aufgezeigt werden. Daran anknüpfend hatte das zweite Kapitel insbesondere den Aufbau eines theoretischen Bezugsrahmens zum Ziel, welcher zur Stützung der obigen vier Definitionen thematisiert und ausführlich erläutert werden konnte. Neben den theoretischen Grundlagen, konnten auch der Unsicherheitsaspekt im Rahmen der Neuen Institutionenökonomik sowie der Nutzenbegriff detailliert dargelegt werden.

Im dritten Kapitel, konnte die Kundenintegration in der interaktiven Wertschöpfung ausführlich dargestellt und mit dem ganzheitlichen Ansatz, insbesondere im Rahmen der internen Lieferkette im Dienstleistungsbereich, in Verbindung gebracht werden. Daran anknüpfend konnte die Kundenintegration in sämtlichen Wertschöpfungsstufen im Hinblick auf den Integrations- und Interaktionsansatz in einem prozessualen Phasenverlauf zunächst visualisiert und anschließend umfassend erläutert sowie den Bezug zur Cross-Funktionalität hergestellt werden. In einem weiteren Punkt konnte die Bedeutung und Funktionsweise von Wertschöpfungsnetzwerken im integrativen LEP ausführlich herausgearbeitet und darüber hinaus die komplexen Eigenschaften einer kundenspezifischen Komplettlösung aufgezeigt werden. In diesem Zusammenhang konnte ein dynamisches Zusammenspiel mehrerer Faktoren im Rahmen von Wertschöpfungsnetzwerken bereichsübergreifend reflektiert und ferner konkrete Unsicherheitsreduktionsmaßnahmen zwischen Anbieter und Nachfrager erläutert werden.

Eine detaillierte Auseinandersetzung mit Web 3.0, gemäß dem ganzheitlichen Ansatz, erfolgte im vierten Kapitel. Insbesondere wurde gezeigt, dass das Web 3.0 wichtige Potenziale hinsichtlich des Interaktions- und Integrationsansatzes liefern kann und diesbezüglich einige Nutzen stiftende Merkmale sowie konkrete Handlungsempfehlungen aufzuweisen hat.

Vor dem Hintergrund der Forschungsfrage: *„Inwiefern schafft die Kundenintegration im Rahmen der interaktiven Wertschöpfung, einen Mehrwert für Anbieter und Nachfrager und welchen Einfluss hat diesbezüglich das Web 3.0"*, konnten jeweils wichtige Nutzen stiftende Merkmale aus Kapitel drei und Kapitel vier aufgezeigt und darauf aufbauend, konkrete Handlungsempfehlungen dargelegt werden.

Angefangen beim Nachfrager liegt der Mehrwert bezüglich des Integrationsansatzes, vor allem in der Erfüllung unbefriedigter sowie personifizierter Bedürfnisse im Rahmen kundenspezifischer Komplettlösungen. Des Weiteren schafft der Kunde durch Ausnutzung der Integrationspotenziale eine gewisse Transparenz durch die Mitwirkung am LEP, so dass Anbieteraktivitäten besser nachvollzogen und damit eine erhöhte Sicherheit zu Gunsten der gewünschten Qualität erzielt werden kann. Das aus dem Integrationsprozess resultierende Interaktionserlebnis mit dem Anbieter, stellt für den Kunden ein Nutzen stiftendes Interaktionserlebnis dar. In diesem Zusammenhang sind für den Kunden, die Erfüllung sozialer Normen, die Freude an der Tätigkeit und das Gefühl von Kreativität, wichtige Nutzen stiftende Merkmale. Demzufolge liegt beim Nachfrager der Mehrwert hinsichtlich des Interaktionsansatzes, in dem gesteigerten Wohlbefinden sowie der Befriedigung sozialer Bedürfnisse, die in dem jeweiligen Interaktionserlebnis umgesetzt werden kann.

Beim Anbieter liegt der Mehrwert, insbesondere in der Vermeidung von Fehlentwicklungen, der Nutzung von Kostenreduktionspotenzialen und in der Überwindung des Problems der lokalen Suche. Hinzu kommt die Möglichkeit der Qualitätssteigerung durch die Kundenmitwirkung im integrativen LEP. Die resultierende Interaktionsbeziehung mit dem jeweiligen Kunden, eröffnet beim Anbieter zusätzlich die Möglichkeit, wichtige Kundenbindungspotenziale auszuschöpfen und darüber hinaus im Rahmen kundenspezifischer Komplettlösungen, erhöhte Zahlungsbereitschaften beim Kunden erzielen zu können. Insgesamt kann das Unternehmen im Zuge einer kundenbezogenen Wertschöpfungskonfiguration, einen Mehrwert durch erhebliche Effizienzvorteile erlangen. Im Rahmen von Wertschöpfungsnetzwerken, kann der Anbieter die unternehmerische Flexibilität, durch die Zusammenführung unterschiedlicher Kompetenzen, deutlich steigern.

Der Einfluss von Web 3.0 auf den Integrations- und Interaktionsansatz in der interaktiven Wertschöpfung, hat sowohl komplexitätsreduzierende als auch problemlösungsorientierte Effekte zur Folge. Ein wesentlicher Mehrwert für den Kunden liegt in der kontextspezifischen Interpretierbarkeit personalisierter Suchanfragen, die ganzheitlich und problemorientiert bearbeitet werden können. Daraus resultiert ein erheblich vereinfachter Informationsfluss, der sich in einer deutlich schnelleren Entscheidungsfindung sowie in denen sich daraus ergebenden Zeitersparnissen widerspiegelt. Demgegenüber können Unternehmen insbesondere durch das Cloud-Computing und mit Hilfe semantischer Technologien, wichtige Optimierungspotenziale in den einzelnen Wertschöpfungsstufen umsetzen. Des Weiteren ermöglicht das Web 3.0 neue Integrationspotenziale in einer AmI, die eine bedarfs- und ablaufsynchrone Leistungsgestaltung im kundenseitigen Nutzungsprozess ermöglichen. Einerseits kann der Anbieter dadurch wichtige Rückkoppelungen erfassen und darauf aufbauend mögliche Fehler im kundenseitigen Nutzungsprozess beheben. Andererseits erhält der Kunde dadurch verbesserte und bedarfsgerechtere Leistungsergebnisse, die im jeweiligen Nutzungsprozess durch die Anbieterintegration angepasst werden können.

Insgesamt erzielt der Einfluss von Web 3.0 beim Anbieter überwiegend eine Komplexitätsreduktionsfunktion, die sich ferner durch vereinfachte Koordinationsmöglichkeiten und einer erhöhten Flexibilität bemerkbar macht. Demgegenüber erzielt der Einfluss von Web 3.0 beim Kunden vor allem eine nutzerorientierte Problemlösungskompetenz, die sich in einem effizienteren Sucherlebnis widerspiegelt. Darüber hinaus übernimmt das Web 3.0 im ganzheitlichen Ansatz, die Funktion eines cross-funktionalen Webs, das eine bereichsübergreifende Zusammenführung unterschiedlicher Informationen ermöglicht und in der Folge mit erheblichen Effizienzsteigerungen sowohl beim Anbieter als auch beim Nachfrager einher gehen kann.

Eine wichtige Zielsetzung dieser Arbeit beschäftigte sich mit den notwendigen Voraussetzungen zur effektiven und effizienten Durchführung der Kundenintegration in Unternehmensprozessen. In diesem Zusammenhang, konnten mehrere Voraussetzungen aufgezeigt und erläutert werden. Demnach wird der Aufbau von Integrations- und Interaktionskompetenz in der interaktiven Wertschöpfung zu einer wichtigen Kernkompetenz und gilt ferner als wichtige Voraussetzung im Rahmen der Planung und Koordination von Kundenintegrationsprozessen. Diese Kernkompetenz umfasst beispielsweise den Aufbau integrationsförderlicher Unternehmensstrukturen, die Sicherstellung einer bereichsübergreifenden Koordination und spezifische interne Weiterbildungsmaßnahmen. Zur Erstellung kundenspezifischer Komplettlösungen muss neben den verschiedenen Kompetenzen auch die Bildung von Wertschöpfungsnetzwerken beherrscht werden. In diesem Zusammenhang wird der Aufbau eines Komplexitätsmanagements dringend erforderlich, da sich konkrete Maßnahmen zur Komplexitätsreduzierung positiv auf die Koordination und den Kommunikationsfluss auswirken.

Des Weiteren gelten die Gewährleistung der Kompatibilität der einzelnen Teilleistungen sowie die Sicherstellung der aufeinander abgestimmten Lebenszyklen, als wichtige Voraussetzungen in der Erstellung kundenspezifischer Komplettlösungen.

Eine weitere Voraussetzung stellt die Reduktion verhaltensbasierter Unsicherheiten durch Screening und Signaling dar. In der Folge kann dadurch der Aufbau kundenseitigem Vertrauen deutlich gesteigert werden.

Eine letzte Voraussetzung und zugleich wichtige Handlungsempfehlung umfasst die Sicherstellung unternehmensinterner Cross-Funktionalität zwischen sämtlichen Wertschöpfungsstufen, da nur so ein strukturierter Kommunikationsfluss zwischen Wertschöpfungspartnern hergestellt und ferner die Koordination in der interaktiven Wertschöpfung erleichtert werden kann.

Insgesamt gelten die hier aufgeführten Voraussetzungen ferner als wichtige Handlungsempfehlungen, die im Wettbewerb differenzierende Effekte gegenüber der Konkurrenz erzielen und die Wettbewerbsfähigkeit am Markt sicherstellen können.

Zusammenfassend kann zur Beantwortung der Forschungsfrage festgehalten werden, dass der Mehrwert im Integrations- und Interaktionsansatz insbesondere in der Erzielung von Effizienzvorteilen liegt und der Einfluss von Web 3.0 diesbezüglich komplexitätsreduzierende und problemlösungsbezogene Effekte erzielen kann. Daran anknüpfend umfassen die fundamentalen unternehmensbezogenen Voraussetzungen, einerseits der Aufbau von Integrations- und Interaktionskompetenz sowie die Durchführung gezielter Komplexitäts- und Unsicherheitsreduktionsmaßnahmen. Die Sicherstellung von Cross-Funktionalität, stellt dabei eine notwendige Bedingung zur erfolgreichen Umsetzung dieser Voraussetzungen dar. In diesem Zusammenhang müssen die Möglichkeiten von Web 3.0 als cross-funktionales Web in einem techno-sozialen Umfeld genutzt und in der interaktiven Wertschöpfung implementiert werden.

Abschließend hat die vorliegende Arbeit auch einige Limitationen aufzuweisen und umfasst zudem wichtige Potenziale für weiteren Forschungsbedarf.

Bezugnehmend auf den ganzheitlichen Ansatz, wurde dieser vor dem Hintergrund theoretischer Grundlagen aufgestellt und konnte sich allgemein aus den Überlegungen unterschiedlicher Themenbereiche zusammensetzen. Demnach ist dieser Ansatz nicht aus fundierten Ergebnissen hinsichtlich signifikanter Beziehungen zwischen den einzelnen Begriffen entsprungen, weshalb diesbezüglich fundierte Erkenntnisse fehlen. Des Weiteren kann das Web 3.0 diesbezüglich nur dann richtig umgesetzt werden, wenn die Gesellschaft auch zur virtuellen Offenlegung persönlicher Daten bereit ist. Nur der Wandel hin zu einer digitalisierten Gesellschaft und das Zulassen modernen Kommunikations- und Informationstechnologien in allen gesellschaftlichen Bereichen, impliziert auch ein funktionsfähiges Web 3.0. Demzufolge stellt das Web 3.0 einen noch unbelichteten Aspekt dar und basiert zum Teil auf noch zukunftsbasierenden Ideen, die in dem hier beschriebenen Ausmaß, erst im Zuge der fortschreitenden technologischen Entwicklungen vollständig umsetzbar sind. Aus diesem Grund eröffnet das Web 3.0 großes Forschungspotenzial und gilt vor allem in Hinblick auf den hier verfolgten ganzheitlichen Ansatz, als wertvolles Merkmal, weshalb diesbezüglich wissenschaftlich fundierte Untersuchungen durchgeführt werden müssen.

Der ganzheitlich verfolgte Ansatz im Dienstleistungsbereich, hat indirekt eine Aufhebung der traditionellen Grenzen zwischen dem Konsumgüter- und dem Dienstleistungsbereich sowie eine Verschmelzung von B2B und B2C impliziert. Inwiefern der zunehmende Wandel zum Lösungsanbieter und die Erstellung kundenspezifischer Komplettlösungen, eine solche Verschmelzung traditioneller Grenzen zur Folge haben, bedarf einer umfassenden empirischen Untersuchung. Demnach gibt dieser Sachverhalt Anlass für weiteren Forschungsbedarf zur Prüfung dieser Annahme einer zunehmenden Verschmelzung im Zuge der aktuellen Entwicklungen.

Des Weiteren gilt zu untersuchen welchen Stellenwert die Sicherstellung von Cross-Funktionalität, vor dem Hintergrund des ganzheitlichen Ansatzes zwischen den einzelnen kundenbezogenen Wertschöpfungsstufen hat. Weiterer Forschungsbedarf besteht in der Analyse der Bedeutung des Endkunden für die Wertschöpfungspartner, hinsichtlich der Erstellung kundenspezifischer Komplettlösungen in Wertschöpfungsnetzwerken.

In diesem Zusammenhang kann der im Rahmen dieser Arbeit entwickelte ganzheitliche Ansatz und die eigenständig erstellten Definitionen als Grundlage weiterer Überlegungen und für konkrete forschungsbasierte Untersuchungen in diesem Bereich genutzt werden.

Literaturverzeichnis

Aarts, Emile (2004): Ambient Intelligence: A Multimedia Perspective, in: IEEE Multimedia, 11 (2004), Nr. 1, S. 12-19.

Adler, Jost (1996): Informationsökonomische Fundierung von Austauschprozessen, Wiesbaden 1996.

Ahlert, Dieter / *Ahlert*, Martin / *Bolsenkötter*, Bibiana / *Gehrmann*, Katherina (2011): Verantwortungsvolle Führung in kooperativen Unternehmensnetzwerken, URL: http://www.franchising-und-cooperation.de/sites/default/files/redaktion/pdf/verantwortungsvolle_fuehrung.pdf, Stand: 10.2011, Abfrage am: 02.04.2013.

Ahlheid, Sven / *Gräfe*, Gernot / *Röhr*, Florian (2010): Technologie als Treiber hybirder Wertschöpfung am Beispiel eingebetteter Systeme, in: *Ganz*, Walter / *Bienzeisler*, Bernd (Hrsg.): Management hybrider Wertschöpfung: Potenziale, Perspektiven und praxisorientierte Beispiele, Stuttgart 2010, S. 17-38.

Akerlof, George A. (1970): The Market for "Lemons", Quality Uncertainty and the Market Mechanism, in: The Quarterly Journal of Economics, 84 (1970), Nr. 2, S. 488-500.

Alchian, Armen A. / *Woodward*, Susan (1988): The Firm Is Dead; Long Live the Firm. A Review of Oliver E. Williamson's The Economic Institutions of Capitalism, in: Journal of Economic Literature, 26 (1988), Nr. 1, S. 65-79.

Allen, Matthew (2012): What was Web 2.0? Versions as the dominant mode of internet history, in: New Media & Society, 0 (2012), Nr. 0, S. 1-16.

Anderson, James C. / *Wouters*, Marc (2013): What You Can Learn From Your Customer's Customer: Working closely with your customers to tweak offerings and even business models is a standard business practice. But some companies gain ideas and insights from their customers' customers as well, in: MIT Sloan Management Review, 54 (2013), Nr. 2, S. 75-82.

Andzulis, James M. / *Panagopoulos*, Nikolaos G. / *Rapp*, Adam (2012): A Review of Social Media and Implications for the Sales Process, in: Journal of Personal Selling & Sales Management, 32 (2012), Nr. 3, S. 305-316.

Armbrust, Michael / *Fox*, Armando / *Griffith*, Rean / *Joseph*, Anthony D. / *Katz*, Randy / *Konwinski*, Andy / *Lee*, Gunho / *Patterson*, David / *Rabkin*, Ariel / *Stoica*, Ion / *Zaharia*, Matei (2010): A View of Cloud Computing, in: Communications of the ACM, 53 (2010), Nr. 4, S. 50-58.

Arrow, Kenneth J. (1985): The Economics of Agency, in: Pratt, John W. / Zeckhauser, Richard J. (Hrsg.): Principals and Agents: The Structure of Business, Boston 1985, S. 37-51.

Augusto, Juan C. / *McCullagh*, Paul (2007): Ambient Intelligence: Concepts and Applications, in: Journal on Computer Science and Information Systems, 4 (2007), Nr. 1, S. 1-28.

Backhaus, Klaus / *Erichson*, Bernd / *Plinke*, Wulff / *Weiber*, Rolf (2011): Multivariate Analysemethoden: Eine anwendungsorientierte Einführung, 13. Auflage, Berlin u.a. 2011.

Barassi, Veronica / *Treré*, Emiliano (2012): Does Web 3.0 come after Web 2.0? Deconstructing theoretical assumptions through practice, in: New Media & Society, 14 (2012), Nr. 8, S. 1269-1285.

Bartl, Michael / *Füller*, Johann / *Mühlbacher*, Hans / *Ernst*, Holger (2012). A Manager's Perspective on Virtual Customer Integration for New Product Development, in: Journal of Product Innovation Management, 29 (2012), Nr. 6, S. 1031-1046.

Bauer, Hans H. (1995): Marktliche Einzeltransaktion und die Geschäftsbeziehung sowie Sach- und Dienstleistung als jeweils eigenständige Erkenntnisobjekte?, in: Marketing Zeitschrift für Forschung und Praxis, 17 (1995), Nr. 1., S. 44-47.

Bauer, Hans H. / *Bayón*, Tomás (1995): Zur Relevanz prinzipal-agenten-theoretischer Aussagen für das Kontraktgütermarketing. Design, Ergebnisse und Implikationen einer empirischen Studie zur Beschaffung von Fertigungs-Sondermaschinen, in: Zeitschrift für betriebswirtschaftliche Forschung, 47 (1995), Nr. 35, S. 79-99.

Bawden, David / *Robinson*, Lyn (2009): The dark side of information: overload, anxiety and other paradoxes and pathologies, in: Journal of Information Science, 35 (2009), Nr. 2, S. 180-191.

BDI (2011): Deutschland 2030 - Zukunftsperspektiven der Wertschöpfung. BDI-Arbeitskreis „Wertschöpfungsorientierte Innovationsstrategien" (Bundesverband der Deutschen Industrie), URL: http://www.bdi.eu/download_content/Marketing/Deutschland_2030.pdf, Stand: Dezember 2011, Abfrage am: 25.04.2013.

BDI (2012): BDI-Mittelstandspanel: Ergebnisse der Online-Mittelstandsbefragung (Bundesverband der Deutschen Industrie), URL: http://bdi-panel.emnid.de/pdf/BDI-Ergebnisse-Herbst-2012.pdf, Stand: November 2012, Abfrage am: 15.03.2013.

Beitz, Wolfgang (1996): Customer Integration im Entwicklungs- und Konstruktionsprozess, in: *Kleinaltenkamp*, Michael / *Fließ*, Sabine / *Jacob*, Frank (Hrsg.): Customer Integration: Von der Kundenorientierung zur Kundenintegration, Wiesbaden 1996, S. 285-293.

Bendapudi, Neeli / *Leone*, Robert (2003): Psychological implications of customer participation in co-production, in: Journal of Marketing, 67 (2003), Nr. 1, S. 14-28.

Berners-Lee, Tim (1998): The World Wide Web: A very short personal history, URL: http://www.w3.org/People/Berners-Lee/ShortHistory.html, Stand: 07.05.1998, Abfrage am: 05.04.2013.

Berners-Lee, Tim / *Cailliau*, Robert / *Luotonen*, Ari / *Nielsen*, Henrik F. / *Secret*, Arthur (1994): The World Wide Web, in: Communications of the ACM, 37 (1994), Nr. 8, S. 76-82.

Berners-Lee, Tim / *Fischetti*, Mark (1999): Weaving the Web: The Past, Present and Future of the World Wide Web by its Inventor, London 1999.

Berners-Lee, Tim / *Hall*, Wendy / *Hendler*, James A. / *O'Hara*, Kieron / *Shadbolt*, Nigel / *Weitzner*, Daniel J. (2006): A Framework for Web Science, in: Foundations and Trends in   Web Science, 1 (2006), Nr. 1, S. 1-130.

Berners-Lee, Tim / *Hendler*, James / *Lassila*, Ora (2001): The Semantic Web, in: Scientific American, 284 (2001), Nr. 5, S. 35-43.

Bergen, Mark / *Dutta*, Shantanu / *Walker Jr.*, Orville C. (1992): Agency Relationships in Marketing: A Review of the Implications and Applications of Agency and Related Theories, in: Journal of Marketing, 56 (1992), Nr. 3, S. 1-24.

Bienzeisler, Bernd / *Ganz*, Walter (2010): Management hybrider Wertschöpfung: Einführung in die Problemstellung, in: *Ganz*, Walter / *Bienzeisler*, Bernd (Hrsg.): Management hybrider Wertschöpfung: Potenziale, Perspektiven und praxisorientierte Beispiele, Stuttgart 2010, S. 7-16.

BITKOM (2011a): Netzgesellschaft: Eine repräsentative Untersuchung zur Mediennutzung und dem Informationsverhalten der Gesellschaft in Deutschland, URL: http://www.bitkom.org/files/documents/BITKOM_Publikation_Netzgesellschaft.pdf, Stand: 2011, Abfrage am: 02.03.2013.

BITKOM (2011b): Soziale Netzwerke: Eine repräsentative Untersuchung zur Nutzung sozialer Netzwerke im Internet, 2. Auflage, URL: http://www.bitkom.org/files/documents/SozialeNetzwerke.pdf, Stand: 2011, Abfrage am: 02.03.2013.

BITKOM (2012): Vertrauen und Sicherheit im Netz, URL: http://www.bitkom.org/files/documents/Vertrauen_und_Sicherheit_im_Netz.pdf, Stand: 2012, Abfrage am: 02.03.2013.

Bitner, Mary J. / *Faranda*, William T. / *Hubbert*, Amy R. / *Zeithaml*, Valarie A. (1997): Customer contributions and roles in service delivery, in: International Journal of Service Industry Management, 8 (1997), Nr. 3, S. 193-205.

Blecker, Thorsten / *Liebhart*, Ursula (2006): Grundlagen und aktuelle Herausforderungen in Wertschöpfungsnetzwerken, in: *Blecker*, Thorsten / *Gemünden*, Hans G. (Hrsg.): Wertschöpfungsnetzwerke: Festschrift für Bernd Kaluza, Berlin 2006, S. 1-16.

Bizer, Christian / *Heath*, Tom / *Berners-Lee*, Tim (2009): Linked data-the story so far, in: International Journal on Semantic Web and Information Systems, 5 (2009), Nr. 3, S. 1-22.

Boudreau, Kevin J. / *Lakhani*, Karim R. (2013): Using the Crowd as an Innovation Partner, in: Harvard Business Review, 91 (2013), Nr. 4, S. 61-69.

Bouncken, Ricarda B. / *Golze*, Andreas (2007): Dienstleistungen in innovationsorientierten Wertschöpfungsnetzwerken: Anforderungen und Flex-Adaptives Model bei hybriden Produkten, in: *Bruhn*, Manfred / *Stauss*, Bernd (Hrsg.): Wertschöpfungsprozesse bei Dienstleistungen: Forum Dienstleistungsmanagement, Wiesbaden 2007, S. 275-296.

Böhmann, Tilo / *Krcmar*, Helmut (2007): Hybride Produkte: Merkmale und Herausforderungen. in: *Bruhn*, Manfred / *Stauss*, Bernd (Hrsg.): Wertschöpfungsprozesse bei Dienstleistungen: Forum Dienstleistungsmanagement, Wiesbaden 2007, S. 239-255.

Brettreich-Teichmann, Werner / *Freitag*, Mike (2010): Von der Dienstleistung zur hybriden Wertschöpfung - Ein Anwendungsbeispiel zum Asset Management in den Netzdienstleistungen, in: *Ganz*, Walter / *Bienzeisler*, Bernd (Hrsg.): Management hybrider Wertschöpfung: Potenziale, Perspektiven und praxisorientierte Beispiele, Stuttgart 2010, S. 111-122.

Brockhoff, Klaus (2003): "Customers' Perspectives of Involvement in New Product Development.", in: International Journal of Technology Management, 26 (2003), Nr. 5/6, S. 464-481.

Brodie, Roderick J. / *Saren*, Michael / *Pels*, Jaqueline (2011): Theorizing about the service dominant logic: The bridging role of middle range, in: Marketing Theory, 11 (2011), Nr. 1, S. 75-91.

Brown, Jo / *Broderick*, Amanda J. / *Lee*, Nick (2007): Word-of-Mouth Communication within Online Communities: Conceptualizing the Online Social Network, in: Journal of Interactive Marketing, 21 (2007), Nr. 3, S. 2-20.

Bruhn, Manfred (2011): Qualitätsmanagement für Dienstleistungen, 8. Auflage, Berlin 2011.

Bruhn, Manfred / *Stauss*, Bernd (2009): Kundenintegration im Dienstleistungsmanagement - Eine Einführung in die theoretischen und praktischen Problemstellungen, in: *Bruhn*, Manfred / *Stauss*, Bernd (Hrsg.): Kundenintegration: Forum Dienstleistungsmanagement, 1. Auflage, Wiesbaden 2009, S. 3-33.

Büttgen, Marion (2007): Kundenintegration in den Dienstleistungsprozess. Eine verhaltenswissenschaftliche Untersuchung, Wiesbaden 2007.

Büttgen, Marion (2009): Beteiligung von Konsumenten an der Dienstleistungserstellung: Last oder Lust? - Eine motivations- und dissonanztheoretische Analyse, in: *Bruhn*, Manfred / Stauss, Bernd (Hrsg.): Kundenintegration: Forum Dienstleistungsmanagement, 1. Auflage, Wiesbaden 2009, S. 63-90.

Cavallone, Mauro / *Cassia*, Fabio (2012): Co-design between consumers and companies: Roles, created-exchanged value and reward systems, in: Marketing Review, 12 (2012), Nr. 2, S. 199-218.

Chang, Cheng-Wen / *Chiang*, David M. / *Pai*, Fan-Yun (2012): Cooperative strategy in supply chain networks, in: Industrial Marketing Management, 41 (2012), Nr.7, S. 1114-1124.

Chesbrough, Henry (2003): The Era of Open Innovation, in: MIT Sloan Management Review, 44 (2003), Nr. 4, S. 35-41.

Christophe, Benoit / *Boussard*, Mathieu / *Lu*, Monique / *Pastor*, Alain / *Toubiana*, Vincent (2011): The Web of Things Vision: Things as a Service and Interaction Patterns, in: Bell Labs Technical Journal, 16 (2011), Nr. 1, S. 55-61.

Coase, Ronald H. (1937): The Nature of the Firm, in: Economica N. S., 4 (1937), Nr. 16, S. 386-405.

Console, Luca / *Lombardi*, Ilaria / *Picardi*, Claudia / *Simeoni*, Rossana (2011): Toward a social web of intelligent things, in: AI Communications, 24 (2011), Nr. 3, S. 265-279.

Corsten, Hans / *Gössinger*, Ralph (2007): Dienstleistungsmanagement, 5. Auflage, München u.a. 2007.

Cusumano, Michael (2010). Technology Strategy and Management: Cloud Computing and SaaS as New Computing Platforms. Communications of the ACM, 53 (2010), Nr. 4, S. 27-29.

Danese, Pamela / *Romano*, Pietro (2011): Supply chain integration and efficiency performance: a study on the interactions between customer and supplier integration, in: Supply Chain Management: An International Journal, 16 (2011), Nr. 4, S. 220-230.

Darby, Michael R. / *Karni*, Edi (1973): Free Competition and the Optimal amount of Fraud, in: Journal of Law and Economics, 16 (1973), Nr. 1, S. 67-88.

Davis, Stanley M. (1987): Future perfect, Massachusetts 1987.

Davies, Andrew / *Brady*, Tim / *Hobday*, Michael (2006): Charting a Path Toward Integrated Solutions, in: MIT Sloan Management Review, 47 (2006), Nr. 3, S. 39-48.

Dawes, Jillian / *Rowley*, Jennifer (1998): Enhancing the customer experience: contributions from information technology, in: Management Decision, 36 (1998), Nr. 5, S. 350-357.

Dengel, Andreas (2011): Semantische Technologien: Grundlagen. Konzepte. Anwendungen, 1. Auflage, Heidelberg 2011.

Ding, Ying (2001): A review of ontologies with the Semantic Web in view, in: Journal of Information Science, 27 (2001), Nr. 6, S. 377-384.

Ding, Ying (2010): Semantic Web: Who is who in the field – a bibliometric analysis, in: Journal of Information Science, 36 (2010), Nr. 3, S. 335-356.

Dosi, Giovanni (1988): Sources, Procedures, and Microeconomic Effects of Innovation, in: Journal of Economic Literature, 26 (1988), Nr. 3, S. 1120-1171.

Drejer, Ina (2004): Identifying Innovation in Surveys of Services: A Schumpeterian Perspective, in: Research Policy, 33 (2004), Nr. 3, S. 551-562.

Drucker, Peter F. (1954): The Practice of Management, New York 1954.

Eichentopf, Thomas / *Kleinaltenkamp*, Michael / *van Stiphout*, Janine (2011): Modelling customer process activities in interactive value creation, in: Journal of Service Management, 22 (2011), Nr. 5, S. 650-663.

Eisenhardt, Kathleen M. (1989): Agency Theory: An Assessment and Review, in: The Academy of Management Review, 14 (1989), Nr. 1, S. 57-74.

Engelhardt, Werner H. / *Kleinaltenkamp*, Michael / *Reckenfelderbäumer*, Martin (1993): Leistungsbündel als Absatzobjekte, in: Zeitschrift für betriebswirtschaftliche Forschung (zfbf), 45 (1993), Nr. 5, S. 395-426.

Enkel, Ellen / *Kausch*, Christoph / *Gassmann*, Oliver (2005): Managing the Risk of Customer Integration, in: European Management Journal, 23 (2005), Nr. 2, S. 203-213.

Etgar, Michael (2008): A descriptive model of the consumer co-production process, in: Journal of the Academy of Marketing Science, 36 (2008), Nr. 1, S. 97-108.

Fabbe-Costes, Nathalie / *Jahre*, Marianne (2008): Supply chain integration and performance: a review of the evidence, in: The International Journal of Logistics Management, 19 (2008), Nr. 2, S. 130-154.

Fälsch, Henrik (2007): Neue Optionen und Anforderung in der Leistungsgestaltung durch Ubiquitous Computing: Referenzmodell und Nutzertypologie, Hamburg 2007.

Feldman, Susan (2012): IBM's Watson: From Winning Games to Saving Lives, White Paper, URL: http://www-03.ibm.com/innovation/us/watson/pdf/lcUS23400812.pdf, Stand: 26.03.2012, Abfrage am: 10.03.2013.

Feigenbaum, Lee / *Herman*, Ivan / *Hongsermeier*, Tonya / *Neuman*, Eric / *Stephens*, Susie (2007): The Semantic Web in Action, in: Scientific American, 297 (2007), Nr. 6, S. 90-97.

Fleisch, Elgar / *Christ*, Oliver / *Dierkes*, Markus (2005): Die betriebswirtschaftliche Vision des Internets der Dinge, in: *Fleisch*, Elgar / *Mattern*, Friedemann (Hrsg.): Das Internet der Dinge: Ubiquitous Computing und RFID in der Praxis, Berlin 2005, S. 3-38.

Fließ, Sabine (2009): Dienstleistungsmanagement: Kundenintegration gestalten und steuern, 1. Auflage, Wiesbaden 2009.

Fließ, Sabine / *Kleinaltenkamp*, Michael (2004): Blueprinting the service company - managing service processes efficiently, in: Journal of Business Research, 57 (2004), Nr. 4, S. 392-404.

Flynn, Barbara B. / *Huo*, Baofeng / *Zhao*, Xiande (2010): The impact of supply chain integration on performance: a contingency and configuration approach, in: Journal of Operations Management, 28 (2010), Nr. 1, S. 58-71.

Ford, David / *Farmer*, David (1986): Make or Buy - A Key Strategic Issue, in: Long Range Planning, 19 (1986), Nr. 5, S. 54-62.

Fredberg, Tobias / *Piller*, Frank T. (2011): The paradox of tie strength in customer relationships for innovation: a longitudinal case study in the sports industry, in: R&D Management, 41 (2011), Nr. 5, S. 470-484.

Fuchs, Christian / *Hofkirchner*, Wolfgang / *Schafranek*, Matthias / *Raffl*, Celina / *Sandoval*, Marisol / *Bichler*, Robert (2010): Theoretical foundations of the Web: Cognition, communication, and co-operation. Towards an understanding of Web 1.0, 2.0, 3.0, in: Future Internet, 2 (2010), Nr. 1, S. 41-59.

Fuguitt, Diana / *Wilcox*, Shanton J. (1999): Cost-Benefit Analysis for Public Sector Decision Makers, Connecticut 1999.

Fynes, Brian / *de Burca*, Sean / *Voss*, Christopher A. (2005): Supply chain relationship quality, the competitive environment and performance, in: International Journal of Production Research, 43 (2005), Nr. 16, S. 3303-3320.

Galbraith, Jay R. (2002): Organizing to deliver solutions, in: Organizational Dynamics, 31 (2002), Nr. 2, S. 194-207.

Garrigos-Simon, Fernando J. / *Alcamí*, Rafael L. / *Ribera*, Teresa B. (2012): Social networks and Web 3.0: their impact on the management and marketing of organizations, in: Management Decision, 50 (2012), Nr. 10, S. 1880-1890.

Garrisson, Gary / *Kim*, Sanghyun / *Wakefield*, Robin L. (2012). Success Factors for Deploying Cloud Computing, in: Communications of the ACM, 55 (2012), Nr. 9, S. 62-68.

Gentile, Chiara / *Spiller*, Nicola / *Noci*, Giuliano (2007): How to Sustain the Customer Experience: An Overview of Experience Components that Co-create Value With the Customer, in: European Management Journal, 25 (2007), Nr. 5, S. 395-410.

Gierl, Heribert / *Stich*, Armin (1999): Sicherheitswert und Vorhersagewert von Qualitätssignalen, in: Zeitschrift für betriebswirtschaftliche Forschung, 51 (1999), Nr. 1, S. 5-32.

Gilmore, James H. / *II Pine*, Joseph B. (1997): The Four Faces of Mass Customization, in: Harvard Business Review, 75 (1997), Nr. 1, S. 91-101.

Gläser, Jochen / *Laudel*, Grit (2009): Experteninterviews und qualitative Inhaltsanalyse: als Instrumente rekonstruierender Untersuchungen, 3. Auflage, Wiesbaden 2009.

Grossman, Lev (2006): You - Yes, You - Are TIME's Person of the Year, URL: http://www.time.com/time/magazine/article/0,9171,1569514,00.html, Stand: 25.12.2006, Abfrage am: 02.03 2013.

Grossman, Sanford (1981): The informational Role of Warranties and Private Disclosure about Product Quality, in: Journal of Law and Economics, 24 (1981), Nr. 3, S. 461-483.

Grönroos, Christian / *Voima*, Päivi (2013): Critical service logic: making sense of value creation and co-creation, in: Journal of the Academy of Marketing Science, 41 (2013), Nr. 2, S. 133-150.

Gummesson, Evert (2011): 2B or not 2B: That is the question, in: Industrial Marketing Management, 40 (2011), Nr. 2, S. 190-192.

Hagel III, John / *Rayport*, Jeffrey F. (1997): The coming battle for customer information, in: The McKinsey Quarterly, (1997), Nr. 3, S. 65-76.

Haksever, Cengiz / *Render*, Barry / *Russell*, Roberta S. / *Murdick*, Robert G. (2000): Service Management and Operations, 2. Auflage, New Jersey 2000.

He, Yuanqiong / *Lai*, Kin Keung (2012): Supply chain integration and service oriented transformation: Evidence from Chinese equipment manufacturers, in: International Journal of Production Economics, 135 (2012), Nr. 2, S. 791-799.

Heinonen, Kristina / *Strandvik*, Tore / *Mickelsson*, Karl-Jacob / *Edvardsson*, Bo / *Sundström*, Erik / *Andersson*, Per (2010): A customer-dominant logic of service, in: Journal of Service Management, 21 (2010), Nr. 4, S.531-548.

Hendler, Jim (2009): Web 3.0 Emerging, in: Computer, 42 (2009), Nr. 1, S. 111-113.

Henry Xie, Yu / *Suh*, Taewon / *Kwon*, Ik-Whan G. (2010): Do the magnitude and asymmetric of specific asset investments matter in the supplier-buyer relationship?, in: Journal of Marketing Management, 26 (2010), Nr. 9/10, S. 858-877.

Hentschel, Bert (1992): Dienstleistungsqualität aus Kundensicht. Vom merkmals- zum ereignisorientierten Ansatz, Wiesbaden 1992.

Hilke, Wolfgang (1989): Grundprobleme und Entwicklungstendenzen des Dienstleistungsmarketing, in: *Hilke*, Wolfgang (Hrsg.): Dienstleistungs-Marketing – Banken und Versicherungen- Freie Berufe - Handel und Transport – Nichterwerbswirtschaftlich orientierte Organisationen, Schriften zur Unternehmensführung (Band 35), Wiesbaden 1989, S. 5-44.

Hipp, Christiane / *Grupp*, Hariolf (2005): Innovation in the Service Sector: The Demand for Service-Specific Innovation Measurement Concepts and Typologies, in: Research Policy, 34 (2005), Nr. 4, S. 517-535.

Hirshleifer, Jack / *Riley*, John G. (1979): The Analytics of Uncertainty and Information - An Expository Survey, in: Journal of Economic Literature, 17 (1979), Nr. 4, S. 1375-1421.

Hitzler, Pascal / *Krötzsch*, Markus / *Rudolph*, Sebastian / *Sure*, York (2007): Semantic Web: Grundlagen, 1. Auflage, Berlin 2007.

Holbrook, Morris B. (1994): The nature of customer value: an axiology of services in the consumption experience, in: Rust, R. T. / Oliver, R. L. (Hrsg.): Service Quality: New Directions in Theory and Practice, Thousand Oaks, S. 21-71.

Hong, Weiyin / *Thong*, James Y. L. (2013): Internet Privacy Concerns: An integrated Conceptualization and Four Empirical Studies, in: MIS Quarterly, 37 (2013), Nr. 1, S. 275-298.

Hörstrup, Robert (2012): Anbieterintegration: Ein konzeptioneller Ansatz zur Analyse und Gestaltung kundenseitiger Nutzungsprozesse, Hamburg 2012.

Husted, Bryan W. (2007): Agency, Information, and the Structure of Moral Problems in Business, in: Organization Studies, 28 (2007), Nr. 2, S. 177-195.

Hutton, Graeme / *Fosdick*, Maggie (2011): The Globalization of Social Media, in: Journal of Advertising Research, 51 (2011), Nr. 4, S. 564-570.

ISTAG (2012): Software Technologies - The Missing Key Enabling Technology. Toward a Strategic Agenda for Software Technologies in Europe (Report on 2020 by the Information Society Technologies Advisory Group), URL: http://cordis.europa.eu/fp7/ict/docs/istag-soft-tech-wgreport2012.pdf, Stand: 11.2012, Abfrage am: 05.03.2013.

Jacob, Frank (2003): Kundenintegrations-Kompetenz: Konzeptionalisierung, Operationalisierung und Erfolgswirkung, in: Marketing - Zeitschrift für Forschung und Praxis (ZFP), 25 (2003), Nr. 2, S. 83-98.

Jacob, Frank (2006): Preparing Industrial Suppliers for Customer Integration, in: Industrial Marketing Management, 35 (2006), Nr. 1, S. 45-56.

Janiesch, Christian / *Ruggaber*, Rainer / *Sure*, York (2008): Eine Infrastruktur für das Internet der Dienste, in: HMD – Praxis der Wirtschaftsinformatik, 45 (2008), Nr. 261, S. 71-79.

Jensen, Michael C. / *Meckling*, William H. (1976): Theory of the Firm: Managerial Behavior, Agency Costs and Ownership Structure, in: Journal of Financial Economics, 3 (1976), Nr. 4, S. 305-360.

Johansson, Juliet E. / *Krishnamurthy*, Chandru / *Schlissberg*, Henry E. (2003): Solving the solution problem, in: McKinsey Quarterly, 40 (2003), Nr. 3, S. 116-125.

Kaas, Klaus P. (1990): Marketing als Bewältigung von Informations- und Unsicherheitsproblemen im Markt, in: Die Betriebswirtschaft, 50 (1990), Nr. 4, S. 539-548.

Kaas, Klaus P. (1991): Marktinformation, Screening und Signaling unter Partner und Rivalen, in: Zeitschrift für Betriebswirtschaft, 61 (1991), Nr. 3, S. 357-370.

Kaas, Klaus P. (1995): Marketing und Neue Institutionenökonomik, in: Zeitschrift für betriebswirtschaftliche Forschung, 47 (1995), Nr. 35, S. 1-18.

Kaas, Klaus P. / *Fischer*, Marc (1993): Der Transaktionskostenansatz, in: Das Wirtschaftsstudium, 22 (1993), Nr. 8/9, S. 686-693.

Kaltwasser, Christina / *Bienzeisler*, Bernd (2010): Hybride Wertschöpfung als Herausforderung für das integrierte Projekt- und Ressourcenmanagement, in: *Ganz*, Walter / *Bienzeisler*, Bernd (Hrsg.): Management hybrider Wertschöpfung: Potenziale, Perspektiven und praxisorientierte Beispiele, Stuttgart 2010, S. 83-94.

Kamlage, Kerstin (2001): Erfolgreiche Markteintrittsstrategien im Konsumgüterbereich, 1. Auflage, Wiesbaden 2001.

Katila, Riitta / *Ahuja*, Gautam (2002): Something old, something new: a longitudinal study of search behavior and new product introduction, in: Academy of Management Journal, 45 (2002), Nr. 6, S. 1183-1194.

Kellogg, Deborah L. / *Youngdahl*, William E. / *Bowen*, David E. (1997): On the Relationship between Customer Participation and Satisfaction: Two Frameworks, in: International Journal of Service Industry Management, 8 (1997), Nr. 3, S. 206-219.

Kersten, Wolfgang / *Zink*, Thomas / *Kern*, Eva-Maria (2006): Wertschöpfungsnetzwerke zur Entwicklung und Produktion hybrider Produkte: Ansatzpunkte und Forschungsbedarf, in: *Blecker*, Thorsten / *Gemünden*, Hans Georg (Hrsg.): Wertschöpfungsnetzwerke, Berlin 2006, S. 189 – 202.

Khilwani, Nitesh / *Harding*, Jennifer A. / *Choudhary*, Alok K. (2009): Semantic web in manufacturing. Proceedings of the Institution of Mechanical Engineers (Part B), in: Journal of Engineering Manufacture, 223 (2009), Nr. 7, S. 905-925.

KiWi (2010): Web 3.0 Made Simple. KiWi - The Semantic Social Media Development Platform, Whitepaper (EU-funded project), URL: http://www.salzburgresearch.at/wp-content/uploads/2010/10/kiwi_whitepaper_final_jper_20101012.pdf, Stand: Oktober 2010, Abfrage am: 05.03.2013.

Klaus, Philipp / *Maklan*, Stan (2013): Towards a better measure of customer experience, in: International Journal of Market Research, 55 (2013), Nr. 2, S. 227-246.

Kleinaltenkamp, Michael (1998): Begriffsabgrenzung und Erscheinungsformen von Dienstleistungen, in: *Bruhn*, Manfred / *Meffert*, Heribert (Hrsg.): Handbuch Dienstleistungsmanagement, Wiesbaden 1998, S. 31-52.

Kleinaltenkamp, Michael / *Bach*, Thomas / *Griese*, Ilka (2009): Der Kundenintegrationsbegriff im (Dienstleistungs-)Marketing, in: *Bruhn*, Manfred/ *Stauss*, Bernd (Hrsg.): Kundenintegration: Forum Dienstleistungsmanagement, 1. Auflage, Wiesbaden 2009, S. 35-62.

Kohli, Ajay K. (2006): Dynamic Integration: Extending the Concept of Resource Integration, in: Marketing Theory, 6 (2006), Nr. 3, S. 90-291.

Kornhauser, Lewis A. (2000): On justifying cost-benefit analysis, in: The Journal of Legal Studies, 29 (2000), Nr. 2, S. 1037-1057.

Kotler, Philip / *Bliemel*, Friedhelm (2001): Marketing-Management, 10. Auflage, Stuttgart 2001.

Kozinets, Robert V. / *De Valck*, Christine / *Wojnicki*, Andrea C. / *Wilner*, Sarah J. S. (2010): Networked Narratives: Understanding Word-of-Mouth Marketing in Online Communities, in: Journal of Marketing, 74 (2010), Nr. 2, S. 71-89.

KPMG AG (2013): TECHNOLOGY: Cloud-Monitor 2013: Cloud-Computing in Deutschland - Status quo und Perspektiven (in Zusammenarbeit mit BITKOM) , URL: http://www.kpmg.de/docs/20130221_Cloud_Monitor_2013.pdf, Stand: 2013, Abfrage am: 02.03.2013.

Kuo, Tsai C. / *Wang*, Miao L. (2012): The optimisation of maintenance service levels to support the product service system, in: International Journal of Production Research, 50 (2012), Nr. 23, S. 6691-6708.

Lamming, Richard / *Johnsen*, Thomas / *Jurong*, Zheng / *Harland*, Christine (2000): An initial classification of supply networks, in: International Journal of Operations & Production Management, 20 (2000), Nr. 6, S. 675-691.

Langeard, Eric (1981): Grundfragen des Dienstleistungsmarketings, in: Marketing Zeitschrift für Forschung und Praxis, 3 (1981), Nr. 4, S. 233-240.

Laroche, Michel / *Bergeron*, Jasmin / *Goutaland*, Christine (2001): A Three-Dimensional Scale of Intangibility, in: Journal of Service Research, 4 (2001), Nr. 1, S. 26-38.

Lawson, Benn / *Cousins*, Paul D. / *Handfield*, Robert B. / *Petersen*, Kenneth J. (2009): Strategic purchasing, supply management practices and buyer performance improvement: an empirical study of UK manufacturing organisations, in: International Journal of Production Research, 47 (2009), Nr. 10, S. 2649-2667.

Lengnick-Hall, Cynthia A. (1996): Customer Contributions to Quality: A Different View of the Customer-Oriented Firm, in: Academy of Management Review, 21 (1996), Nr. 3, S. 791-824.

Lengnick-Hall, Cynthia A. / *Claycomb*, Vincentia / *Inks*, Lawrence W. (2000): From recipient to contributor: examining customer roles and experienced outcomes, in: European Journal of Marketing, 34 (2000), Nr. 3/4, S. 359-383.

Leyer, Michael / *Moormann*, Jürgen (2012): A method for matching customer integration with operational control of service processes, in: Management Research Review, 35 (2012), Nr. 11, S. 1046-1069.

Li, Hairong (2011): The Interactive Web. Toward a New Discipline, in: Journal of Advertising Research, 51 (2011), Nr. 1, S. 13-26.

Lin, Angela / *Chen*, Nan-Chou (2012): Cloud computing as an innovation: Percepetion, attitude, and adoption, in: International Journal of Information Management, 32 (2012), Nr. 6, S. 533-540.

Lin, Jyhjong (2012): Enhancing customer relationships by semantic consumer support systems, in: Information Processing Letters, 112 (2012), Nr. 22, S. 860-868.

Lindenberg, Siegwart (2001): Intrinsic motivation in a new light, in: Kyklos, 54 (2001), Nr. 2/3, S. 317-343.

Lusch, Robert F. / *Brown*, Stephen W. / *Brunswick*, Gary J. (1992): A General Framework for Explaining Internal vs. External Exchange, in: Journal of The Academy of Marketing Science, 20 (1992), Nr. 2, S. 119-134.

Lüthje, Christian / *Herstatt*, Cornelius / *von Hippel*, Eric (2005): User-Innovators and „local" information: The case of mountain biking, in: Research Policy, 34 (2005), Nr. 6, S. 951-965.

Maleri, Rudolf / *Frietzsche*, Ursula (2008): Grundlagen der Dienstleistungsproduktion, 5. Auflage, Berlin u.a. 2008.

Malicha, Regina (2005): Nachfragerevidenz im Dienstleistungsbereich – Konzeptualisierung und Operationalisierung, Wiesbaden 2005.

Manyika, James / *Chui*, Michael / *Brown*, Brad / *Bughin*, Jacques / *Dobbs*, Richard / *Roxburgh*, Charles / *Byers*, Angela H. (2011): Big Data: The Next Frontier for Innovation, Com-petition, and Productivity. Report from McKinsey Global Institute, URL: http://www.mckinsey.com/insights/mgi/research/technology_and_innovation/big_data_the_next_frontier_for_innovation, Stand: 05.2011, Abfrage am: 02.03.2013.

Mattern, Friedemann (2008): Allgegenwärtige Datenverarbeitung – Trends, Visionen, Auswirkungen, in: *Roßnagel*, Alexander / *Sommerlatte*, Tom / *Winand*, Udo (Hrsg.): Digitale Visionen. Zur Gestaltung allgegenwärtiger Informationstechnologien, Berlin 2008, S. 3-29.

Maucourant, Jérôme (2012): New Institutional Economics and History, in: Journal of Economic Issues, 46 (2012), Nr. 1, S. 193-207.

Mayring, Philipp (2010): Qualitative Inhaltsanalyse: Grundlagen und Techniken, 11. Auflage, Weinheim u.a. 2010.

McIvor, Ronan T. / *Humphreys*, Paul K. (2000): A case-based reasoning approach to the make or buy decision, in: Integrated Manufacturing Systems, 11 (2000), Nr. 5, S. 295-310.

Meffert, Heribert / *Bruhn*, Manfred (2012): Dienstleistungsmarketing: Grundlagen - Konzepte - Methoden, 7. Auflage, Wiesbaden 2012.

Mell, Peter / *Grance*, Timothy (2011): The NIST Definition of Cloud Computing. Recommendations of the National Institute of Standards and Technology (Special Publication), URL: http://csrc.nist.gov/publications/nistpubs/800-145/SP800-145.pdf, Stand: 09.2011, Abfrage am: 15.04.2013.

Mensch, Gerhard (1999): Grundlagen der Agency-Theorie, in: Das Wirtschaftsstudium (WISU), 28 (1999), Nr. 5, S. 686-688.

Meramveliotakis, Giorgos / *Milonakis*, Dimitris (2010): Surveying the Transaction Cost Foundations of New Institutional Economics: A Critical Inquiry, in: Journal of Economic Issues, 44 (2010), Nr. 4, S. 1045-1071.

Meyer, Anton (1991): Dienstleistungsmarketing, in: Die Betriebswirtschaft (DBW), 51 (1991), Nr. 2, S. 195-209.

Meyer, Anton (1994): Dienstleistungs-Marketing. Erkenntnisse und praktische Beispiele, 6. Auflage, München 1994.

Meyer, Christopher / *Schwager*, Andre (2007): Understanding Customer Experience, in: Harvard Business Review, 85 (2007), Nr. 2, S. 117-126.

Miceli, Gaetano / *Ricotta*, Francesco / *Costabile*, Michele (2007): Customizing customization: A conceptual framework for interactive personalization, in: Journal of Interactive Marketing, 21 (2007), Nr. 2, S. 6-25.

Miller, Danny / *Hope*, Quentin / *Eisenstat*, Russell / *Foote*, Nathaniel / *Galbraith*, Jay (2002): The problem of solutions: Balancing clients and capabilities, in: Business Horizons, 45 (2002), Nr. 2, S. 3-12.

Miniwatts Marketing Group (2012): Internet World Stats: Usage and Population Statistics. Internet Users in the World (Internet Users on June 30, 2012 - Q2), URL: http://www.internetworldstats.com/stats.htm, Stand: 17.02.2013, Abfrage am: 02.03.2013.

Moeller, Sabine (2008): Customer Integration - A Key to an Implementation Perspective of Service Provision, in: Journal of Service Research, 11 (2008), Nr. 2, S. 197-210.

Morrison, Pamela D. / *Roberts*, John H. / *Midgley*, David (2004): The nature of lead users and measurement of leading edge status, in: Research Policy, 33 (2004), Nr. 2, S. 351-362.

Mota Pedrosa, Alex (2012): Customer Integration during Innovation Development: An Exploratory Study in the Logistics Service Industry, in: Creativity & Innovation Management, 21 (2012), Nr. 3, S. 263-276.

Nelson, Philip J. (1970): Information and Consumer Behavior, in: The Journal of Political Economy, 78 (1970), Nr. 2, S. 311-329.

Nike Inc. (2013a): NikeiD, URL: http://www.nike.com/de/de_de/lp/nikeid, Stand: 2013, Abfrage am: 30.01.2013.

Nike Inc. (2013b): Nike+, URL: http://nikeplus.nike.com/plus/, Stand: 2013, Abfrage am: 15.02.2013.

Normann, Richard / *Ramirez*, Rafael (1993): From value chain to value constellation, in: Harvard Business Review, 71 (1993), Nr. 4, S. 65-77.

Ntayi, Joseph M. (2012): Emotional outcomes of Ugandan SME buyer-supplier contractual conflicts, in: International Journal of Social Economics, 39 (2012), Nr. 1/2, S. 125-141.

O'Reilly, Tim (2005): What Is Web 2.0: Design Patterns and Business Models for the Next Generation of Software, URL: http://oreilly.com/web2/archive/what-is-web-20.html, Stand: 09.30.2005, Abfrage am: 02.03.2013.

O'Reilly, Tim / *Battelle*, John (2009): Web Squared: Web 2.0 Five Years On, Special Report (Web 2.0 Summit), URL: http://assets.en.oreilly.com/1/event/28/web2009_websquared-whitepaper.pdf, Stand: 10.2009, Abfrage am: 02.03.2013.

Olaru, Andrei / *Gratie*, Christian (2011): Agent-Based, Context-Aware Information Sharing for Ambient Intelligence, in: International Journal on Artificial Intelligence Tools, 20 (2011), Nr. 6, S. 985-1000.

Oracle Corporation (2012): Executive Strategy Series: Customer Experience (Solution Brief), URL: http://www.oracle.com/us/solutions/customer-experience/cx-overall-exec-strategy-brief-1730727.pdf, Stand: 31.07.2012, Abfrage am: 15.02.2013.

Palsule-Desai, Omkar D. / *Tirupati*, Devanath / *Chandra*, Pankaj (2013): Stability issues in supply chain networks: Implications for coordination mechanisms, in: International Journal of Production Economics, 142 (2013), Nr. 1, S. 179-193.

Picot, Arnold (1982): Transaktionskostenansatz in der Organisationstheorie. Stand der Diskussion und Aussagewert, in: Die Betriebswirtschaft, 42 (1982), Nr. 2, S. 267-284.

Picot, Arnold / *Dietl*, Helmut (1990): Transaktionskostentheorie, in: Wirtschaftswissenschaftliches Studium, 19 (1990), Nr. 4, S. 178-184.

Piller, Frank T. / *Moeslein*, Kathrin / *Stotko*, Christof M. (2004): Does mass customization pay? An economic approach to evaluate customer integration, in: Production Planning & Control, 15 (2004), Nr. 4, S. 435-444.

Piller, Frank T. (2013): Mass Customization & Open Innovation News: Case Studies, URL: http://mass-customization.de/case-studies.html, Stand: 29.01.2013, Abfrage am: 30.01.2013.

Pisano, Gary P. / *Verganti*, Roberto (2008): Which Kind of Collaboration Is Right for You?, in: Harvard Business Review, 86 (2008), Nr. 3, S. 78-86.

Ployhart, Robert E. / *Van Iddekinge*, Chad H. / *Mackenzie Jr.*, William I. (2011): Acquiring and Developing Human Capital in Service Contexts: The Interconnectedness of Human Capital Resources, in: Academy of Management Journal, 54 (2011), Nr. 2, S. 353-368.

Porter, Michael E. (2010): Wettbewerbsvorteile. Spitzenleistungen erreichen und behaupten, 7. Auflage, Frankfurt u. a. 2010.

Prahalad, Coimbatore K. / *Ramaswamy*, Venkatram (2000): Co-opting customer competence, in: Harvard Business Review, 79 (2000), Nr. 1, S. 79-87.

Prahalad, Coimbatore K. / *Ramaswamy*, Venkatram (2004): Co-creating unique value with customers, in: Strategy & Leadership, 32 (2004), Nr. 3, S. 4-9.

PwC (2012): Global Supply Chain Survey 2013: Next-generation supply chains - Efficient, fast and tailored (Survey by PricewaterhouseCoopers LLP.), URL: http://www.pwc.com/gx/en/consulting-services/supply-chain/global-supply-chain-survey/assets/pwc-next-generation-supply-chains-pdf.pdf, Stand: 2012, Abfrage am: 02.04.2013.

Quinn, James B. / *Anderson*, Philip / *Finkelstein*, Sydney (1996). Managing Professional Intellect: Making the Most of the Best, in: Harvard Business Review, 74 (1996), Nr. 2, S. 71-80.

Reed, Daniel / *Chi*, Ed H. (2012): Online Privacy; Replicating Research Results, in: Communications of the ACM, 55 (2012), Nr. 10, S. 8-9.

Reichwald, Ralf / *Piller*, Frank T. (2009): Interaktive Wertschöpfung. Open Innovation, Individualisierung und neue Formen der Arbeitsteilung, 2. Auflage, Wiesbaden 2009.

Reiss, Michael / *Präuer*, Arndt (2001): Solutions Providing: Was ist Vision - was Wirklichkeit?, in: Absatzwirtschaft, 44 (2001), Nr. 7, S. 48-53.

Riley, John (2001): Silver signals: Twenty-Five Years of Screening and signaling, in: Journal of economic literature, 39 (2001), Nr. 6, S. 432-478.

Rindfleisch, Aric / *Heide*, Jan B. (1997): Transaction Cost Analysis: Past, Present and Future Applications, in: Journal of Marketing, 61 (1997), Nr. 4, S. 30-54.

Riordan, Michael H. / *Williamson*, Oliver E. (1985): Asset Specificity and Economic Organization, in: International Journal of Industrial Organization, 3 (1985), Nr. 4, S. 365-378.

Rohrbeck, René / *Steinhoff*, Fee / *Perder*, Felix (2010): Sourcing innovation from you customer: How multinational enterprises use Web platforms for virtual customer integration, in: Technology Analysis & Strategic Management, 22 (2010), Nr. 4, S. 117-131.

Roth, Stefan (2001): Interaktionen im Dienstleistungsmanagement - Eine informationsökonomische Analyse, in: *Bruhn*, Manfred / *Stauss*, Bernd (Hrsg.): Dienstleistungsmanagement Jahrbuch 2001. Interaktionen im Dienstleistungsbereich, Wiesbaden 2001, S. 35-66.

Salvador, Fabrizio / *Martin de Holan*, Pablo / *Piller*, Frank T. (2009): Cracking the Code of Mass Customization, in: MIT Sloan Management Review, 50 (2009), Nr. 3, S. 71-78.

Samuelson, Paul A. (1937): A Note on Measurement of Utility, in: The Review of Economic Studies, 4 (1937), Nr. 2, S. 155-161.

Sahin, Funda / *Robinson*, Powell E. (2005): Information sharing and coordination in make-to-order supply chains, in: Journal of Operations Management, 23 (2005), Nr. 6, S. 579-598.

SAP AG (2013): The Business Web Initiative. Future cloud-based business environments, Global Research, URL: http://www36.sap.com/corporate-en/innovation/next-business-and-technology/research-topics/business-web.epx, Stand: 2013, Abfrage am: 12.03.2013.

Sawhney, Mohanbir / *Wolcott*, Robert C. / *Arroniz*, Inigo (2006): The 12 Different Ways for Companies to Innovate, in: MIT Sloan Management Review, 47 (2006), Nr. 3, S. 75–81.

Schaffert, Sebastian / *Bry*, François / *Baumeister*, Joachim / *Kiesel*, Malte (2009): Semantische Wikis, in: *Pellegrini*, Tassilo / *Blumauer*, Andreas (Hrsg.): Social Semantic Web, Berlin u.a. 2009, S. 245-258.

Schröder, Regina W. / *Schmidt*, Robert C. / *Wall*, Friederike (2007): Customer Value Added - Wertschöpfung bei Dienstleistungen durch und für den Kunden, in: *Bruhn*, Manfred / *Stauss*, Bernd (Hrsg.): Wertschöpfungsprozesse bei Dienstleistungen: Forum Dienstleistungsmanagement, Wiesbaden 2007, S. 299-318.

Sen, Amartya (2000): The Discipline of Cost-Benefit Analysis, in: Journal of Legal Studies, 29 (2000), Nr. S2, S. 931-952.

Sethi, Rajesh / *Nicholson*, Carolyn Y. (2001): Structural and Contextual Correlates of Charged Behavior in Product Development Teams, in: The Journal of Product Innovation Management, 18 (2001), Nr. 3, S. 154-168.

Shadbolt, Nigel / *Hall*, Wendy / *Berners-Lee*, Tim (2006): The Semantic Web Revisited, in: IEEE Intelligent Systems, 21 (2006), Nr. 3, S. 96-101.

Shahin, Arash (2010): Service Blueprinting: An Effective Approach for Targeting Critical Service Processes - With a Case Study in a Four-Star International Hotel, in: Journal of Management Research, 2 (2010), Nr. 2, S. 1-16.

Shake Fit GmbH (2011): 100% personalisierte Sportshakes mit individuellem Konfigurationsassistent, URL: http://shakefit.de/, Stand: 2011, Abfrage am: 15.02.2013.

Shankar, Venkatesh / *Leonard*, L. Berry / *Dotzel*, Thomas (2009): A Practical Guide to Combining Products and Services, in: Harvard Business Review, 87 (2009), Nr. 11, S. 94-99.

Sharma, Arun / *Iyer*, Gopalkrishnan R. / *Evanschitzky*, Heiner (2008): Personal Selling of High-Technology Products: The Solution-Selling Imperative, in: Journal of Relationship Marketing, 7 (2008), Nr. 3, S. 287-308.

Shostack, Lynn G. (1984): Designing services that deliver, in: Harvard Business Review, 62 (1984), Nr. 1, S. 133-139.

Simon, Herbert A. (1955): A Behavioral Model of Rational Choice, in: The Quarterly Journal of Economics, 69 (1955), Nr. 1, S. 99-118.

Spath, Dieter / ***Demuß***, Lutz (2006): Entwicklung hybrider Produkte – Gestaltung materieller und immaterieller Leistungsbündel, in: ***Bullinger***, Hans-Jörg / ***Scheer***, August-Wilhelm (Hrsg.): Service Engineering. Entwicklung und Gestaltung innovativer Dienstleistungen, 2. Auflage, Berlin u.a. 2006, S. 463-502.

Spector, Alfred Z. (2002): Technology Megatrends Driving the future of e-Society, in: ***Eberspächer***, Jörg / ***Hertz***, Udo (Hrsg.): Leben in der e-Society. Computerintelligenz für den Alltag, Heidelberg 2002, S. 35-50.

Spence, Michael (1973): Job Market Signaling, in: Quarterly Journal of Economics, 87 (1973), Nr. 3, S. 355-374.

Spiekermann, Sarah (2004): General Aspects of Location-Based Services, in: ***Schiller***, Jochen / ***Voisard***, Agnes (Hrsg.): Location-Based Services, San Francisco 2004, S. 5-25.

Spohrer, James C. (2011): On looking into Vargo and Lusch's concept of generic actors in markets, or "It's all B2B ... and beyond!, in: Industrial Marketing Management, 40 (2011), Nr. 2, S. 199-201.

Spremann, Klaus (1988): Reputation, Garantie, Information, in: Zeitschrift für Betriebswirtschaft, 58 (1988), Nr. 5/6, S. 613-629.

Spremann, Klaus (1990): Asymmetrische Information, in: Zeitschrift für Betriebswirtschaft, 60 (1988), Nr. 5/6, S. 561-586.

Stanaland, Andrea J. S. / ***Lwin***, May O. / ***Miyazaki***, Anthony D. (2011): Online Privacy Trustmarks, in: Journal of Advertising Research, 51 (2011), Nr. 3, S. 511-523.

Stark, Anna / ***Schroll***, Markus / ***Hafkesbrink***, Joachim (2009): Think!innowise Trend Report - Die Zukunft des Semantic Web, Stand: 08.2009, Abfrage am: 05.03.2013.

Statistisches Bundesamt (2012): Pressemitteilung Nr. 312, URL: https://www.destatis.de/DE/PresseService/Presse/Pressemitteilungen/2012/09/PD1 2_312_474pdf.pdf?__blob=publicationFile, Stand: 12.09.2012, Abfrage: 09.12.2013.

Statistisches Bundesamt (2013): Pressemitteilung Nr. 100, URL: https://www.destatis.de/DE/PresseService/Presse/Pressemitteilungen/2013/03/PD1 3_100_474pdf.pdf?__blob=publicationFile, Stand: 13.03.2013, Abfrage: 18.03.2013.

Storbacka, Kaj / ***Polsa***, Pia / ***Sääkjärvi***, Maria (2011): Management Practices in Solution Sales - A Multilevel and Cross-Functional Framework, in: Journal of Personal Selling and Sales Management, 31 (2011), Nr. 1, S. 35-54.

Swoveland, Cary (1981): Benefit-Cost Analysis of a Proposed Runway, in: Management Science, 27 (1981), Nr. 2, S. 155-173.

Thomke, Stefan (2003): Experimentation matters: unlocking the potential of new technologies for innovation, Boston 2003.

Tiwari, Anurag / *Chang*, Pei-Chann / *Tiwari*, Manoj K. (2012): A highly optimised tolerance-based approach for multi-stage, multi-product supply chain network design, in: International Journal of Production Research, 50 (2012), Nr. 19, S. 5430-5444.

TNS Emnid (2012): Digitalbarometer 2012: Mobiles Internet, URL: http://www.tns-em-nid.com/presse/pdf/presseinformationen/DigitalBarometer2012_TNS_Emnid.pdf, Stand: 06.2012, Abfrage am: 03.03.2013.

Toffler, Alvin (1980): The Third Wave, New York u.a. 1980.

Trumbull, William N. (1990): Who Has Standing in Cost-Benefit Analysis?, in: Journal of Policy Analysis and Management, 9 (1990), Nr. 2, S. 201-218.

Tuli, Kapil R. / *Kohli*, Ajay K. / *Bharadwaj*, Sundar G. (2007): Rethinking Customer Solutions: From Product Bundles to Relational Processes, in: Journal of Marketing, 71 (2007), Nr. 3, S. 1-17.

Ultes-Nitsche, Ulrich (2010): Web 3.0 - Wohin geht es mit dem World Wide Web? Grundlagen zum Social Semantic Web, in: HMD – Praxis der Wirtschaftsinformatik, 47 (2010), Nr. 271, S. 6-12.

Vachon, Stephan / *Halley*, Alain / *Beaulieu*, Martin (2009): Aligning competitive priorities in the supply chain: the role of interactions with suppliers, in: International Journal of Operations & Production Management, 29 (2009), Nr. 4, S. 322-334.

Vachon, Stephan / *Klassen*, Robert D. (2007): Supply chain management and environmental technologies: the role of integration, in: International Journal of Production Research, 45 (2007), Nr. 2, S. 401-423.

Vahdani, Behnam / *Zandieh*, Mostafa / *Roshanaei*, V. (2011): A hybrid multi-stage predictive model for supply chain network collapse recovery analysis: a practical framework for effective supply chain network continuity management, in: International Journal of Production Research, 49 (2011), Nr. 7, S. 2035-2060.

van der Vaart, Taco / *van Donk*, Dirk P. (2008): A critical review of survey-based research in supply chain integration, in: International Journal of Production Economics, 111 (2008) Nr. 1, S. 42-55.

Vargo, Stephen L. / *Lusch*, Robert F. (2004): Evolving to a new dominant logic for marketing, in: Journal of Marketing, 68 (2004), Nr. 1, S. 1-17.

Vargo, Stephan L. (2008): Customer Integration and Value Creation: Paradigmatic Traps and Perspectives, in: Journal of Service Research, 11 (2008), Nr. 2, S. 211-215.

Vargo, Stephan L. / *Lusch*, Robert F. (2008a): From Goods to Service(s): Divergences and Convergences of Logics, in: Industrial Marketing Management, 37 (2008), Nr. 3, S. 254-259.

Vargo, Stephan L. / *Lusch*, Robert F. (2008b): Service-dominant Logic: Continuing the Evolution, in: Journal of the Academy of Marketing Science, 36 (2008), Nr. 1, S. 1-10.

Vargo, Stephen L. (2011): On marketing theory and service-dominant logic: Connecting some dots, in: Marketing Theory, 11 (2011), Nr. 1, S. 1-7.

Vargo, Stephen L. / *Lusch*, Robert F. (2011): It's all B2B…and beyond: Toward a systems perspective of the market, in: Industrial Marketing Management, Vol. 40, Nr. 2, S. 181-187.

Vargo, Stephen L. / *Lusch*, Robert F. (2012): The forum on markets and marketing (FMM): Advancing service-dominant logic, in: Marketing Theory, 12 (2012), Nr. 2, S. 193-199.

Velten, Carlo / *Janata*, Steve (2012): Datenexplosion in der Unternehmens-IT: Wie Big Data das Business und die IT verändert - Eine Studie der Experton Group, URL: http://www.globalservices.bt.com/de/de/solutions_category/big_data, Whitepaper, Stand: 05.2012, Abfrage am: 02.03.2013.

Veßhoff, Julia / *Freiling*, Jörg (2009): Kundenintegration im Innovationsprozess - Eine kompetenztheoretische Analyse, in: *Bruhn*, Manfred/ *Stauss*, Bernd (Hrsg.): Kundenintegration: Forum Dienstleistungsmanagement, 1. Auflage, Wiesbaden 2009, S. 135-156.

von Hippel, Eric (1976): The dominant role of users in the scientific instrument innovation process, in: Research Policy, 5 (1976), Nr. 3, S. 212-239.

von Hippel, Eric (1977): Transferring process equipment innovations from user-innovators to equipment manufacturing firms, in: R&D Management, 8 (1977), Nr. 1, S. 13-22.

von Hippel, Eric (1978a): A customer-active paradigm for industrial product idea generation, in: Research Policy, 7 (1978), Nr. 3, S. 240-266.

von Hippel, Eric (1978b): Successful Industrial Products from Customer Ideas, in: Journal of Marketing, 42 (1978), Nr. 1, S. 39-49.

von Hippel, Eric (1986): Lead Users: A Source of Novel Product Concepts, in: Management Science, 32 (1986), Nr. 7, S. 791–805.

Walter, Achim / *Ritter*, Thomas / *Gemünden*, Hans G. (2001): Value Creation in Buyer-Seller Relationships - Theoretical Considerations and Empirical Results from a Supplier's Perspective, in: Industrial Marketing Management, 30 (2001), Nr. 4, S. 365-377.

Wangenheim, Florian V. / *Bayón*, Tomás (2004): The effect of word of mouth on services switching, in: European Journal of Marketing, 38 (2004), Nr. 9/10, S. 1173-1185.

Weiber, Rolf (1993): Was ist Marketing? Grundlagen des Marketing und informationsökonomische Fundierung, in: Arbeitspapier zur Marketingtheorie, Nr. 1, Trier 1993.

Weiber, Rolf / *Adler*, Jost (1995): Informationsökonomisch begründete Typologisierung von Kaufprozessen, in: Zeitschrift für betriebswirtschaftliche Forschung (zfbf), 47 (1995), Nr. 1, S. 43-65.

Weiber, Rolf / *Hörstrup*, Robert (2009): Von der Kundenintegration zur Anbieterintegration: Die Erweiterung anbieterseitiger Wertschöpfungsprozesse auf kundenseitige Nutzungsprozesse, in: *Bruhn*, Manfred/ *Stauss*, Bernd (Hrsg.): Kundenintegration: Forum Dienstleistungsmanagement, 1. Auflage, Wiesbaden 2009, S. 283-312.

Weiber, Rolf / *Kleinaltenkamp*, Michael (2012): Business- und Dienstleistungsmarketing, 1. Auflage, Stuttgart 2012.

Weill, Peter / *Woerner*, Stephanie L. (2013): Optimizing Your Digital Business Model, in: MIT Sloan Management Review, 54 (2013), Nr. 3, S. 71-78.

Weiser, Mark (1991): The Computer for the 21st Century, in: Scientific American, 265 (1991), Nr. 3, S. 94-104.

Wiengarten, Frank / *Humphreys*, Paul / *Cao*, Guangming / *Fynes*, Brian / *McKittrick*, Alan (2010): Collaborative supply chain practices and performance: exploring the key role of information quality, in: Supply Chain Management: An International Journal, 15 (2010), Nr. 6, S. 463-473.

Wikström, Solveig (1996): Value creation by company-consumer interaction, in: Journal of Marketing Management, 12 (1996), Nr. 5, S. 359-374.

Williamson, Oliver E. (1979): Transaction cost economics: The governance of contractual relations, in: Journal of Law and Economics, 22 (1979), Nr. 2, S. 233-261.

Williamson, Oliver E. (1985): The Economic Institutions of Capitalism. Firms, Markets, Relational Contracting, New York u.a. 1985.

Williamson, Oliver E. (2010): Transaction Cost Economics, in: American Economic Review, 100 (2010), Nr. 3, S. 673-690.

Wise, Richard / *Baumgartner*, Peter (1999): Go Downstream: The New Profit Imperative in Manufacturing, in: Harvard Business Review, 77 (1999), Nr. 5, S. 133-141.

Wittmann, Waldemar (1959): Unternehmung und unvollkommene Information, Köln 1959.

WolframAlpha (2013): Making the world's knowledge computable (computational knowledge engine), URL: http://www.wolframalpha.com/about.html, Stand: 2013, Abfrage am: 12.03.2013.

Womack, James P. / *Jones*, Daniel T. (2005): Lean Consumption, in: Harvard Business Review, 83 (2005), Nr. 3, S. 58-68.

Wooldridge, Michael / *Jennings*, Nicholas R. (1995): Intelligent agents: Theory and practice, in: Knowledge Engineering Review, 10 (1995), Nr. 2, S. 115-152.

YouGov (2012): Studie Kundenintegration, YouGov Deutschland AG - Research (YouGov AG), URL: http://research.yougov.de/presse/2012/pressemeldung-kreativworkshops/, Stand: 04.10.2012, Abfrage am: 15.02.2013.

Zahn, Erich / *Stanik*, Martin (2006): Integrierte Entwicklung von Dienstleistungen und Netzwerken - Dienstleistungskooperationen als strategischer Erfolgsfaktor, in: *Bullinger*, Hans-Jörg / *Scheer*, August-Wilhelm (Hrsg.): Service Engineering. Entwicklung und Gestaltung innovativer Dienstleistungen, 2. Auflage, Berlin u.a. 2006, S. 299-320.

Zahra, Shaker A. / *George*, Gerard (2002): Absorptive capacity: A review, reconceptualization, and extension, in: Academy of Management Review, 27 (2002), Nr. 2, S. 185-203.

Zahra, Shaker A. / *Sapienza*, Harry J. / *Davidsson*, Per (2006): Entrepreneurship and Dynamic Capabilities: A Review, Model and Research Agenda, in: Journal of Management Studies, 43 (2006), Nr. 4, S. 917-955.

Zeithaml, Valerie A. (1984): How Consumer Evaluation Processes Differ between Goods and Services, in: *Lovelock*, Christopher H. (Hrsg.): Service Marketing, Englewood Cliffs 1984, S. 186-190.

Zeithaml, Valerie A. / *Bitner*, Mary J. (2003): Services Marketing: Integrating Customer Focus Across the Firm, 3. Auflage, London 2003.

Zhou, Jianheng / ***Zhao***, Xia / ***Xue***, Ling / ***Gargeya***, Vidyaranya (2012): Double moral hazard in a supply chain with consumer learning, in: Decision Support Systems, 54 (2012), Nr. 1, S. 482-495.